爆点战略

——打造让人上瘾的品牌和产品

邓清求 __ 编著

民主与建设出版社
·北京·

© 民主与建设出版社，2021

图书在版编目（CIP）数据

爆点战略：打造让人上瘾的品牌和产品 / 邓清求编著. -- 北京：民主与建设出版社，2021.7
ISBN 978-7-5139-3604-0

Ⅰ.①爆… Ⅱ.①邓… Ⅲ.①网络营销 Ⅳ.
① F713.365.2

中国版本图书馆 CIP 数据核字 (2021) 第 118175 号

爆点战略：打造让人上瘾的品牌和产品
BAODIAN ZHANLÜE DAZAO RANG REN SHANGYIN DE PINPAI HE CHANPIN

编　　著	邓清求	
责任编辑	王　颂	
封面设计	冬　凡	
出版发行	民主与建设出版社有限责任公司	
电　　话	（010）59417747　59419778	
社　　址	北京市海淀区西三环中路 10 号望海楼 E 座 7 层	
邮　　编	100142	
印　　刷	三河市华成印务有限公司	
版　　次	2021 年 7 月第 1 版	
印　　次	2021 年 7 月第 1 次印刷	
开　　本	880mm×1230mm　1/32	
印　　张	7	
字　　数	150 千字	
书　　号	ISBN 978-7-5139-3604-0	
定　　价	38.00 元	

注：如有印、装质量问题，请与出版社联系。

前言

我们常说的某款产品"爆了"，含义大致有三：

一是杀手级应用。瞄准用户的体验出击。比如微博、微信就是杀手级应用。

二是疯传的口碑。在新媒体时代，用户的口碑传播效应，能够迅速实现一款产品的爆红。

三是做到极致单品。以苹果公司的资源每年打造一百款手机也没问题，但苹果公司每年只发布一款 iPhone，就是要把这一款产品做到极致，成为爆品。

在互联网时代，软件也是一种产品。比如"阅后即焚"这款 App 就是一个极致单品，它是一个有趣的加密消息生成与分享工具，功能类似于 QQ 的"闪照"，仅仅靠这一个简单功能，其估值一度超过 200 亿美元。

打造一款让人上瘾的品牌和产品，必须先找到它的突破点。所谓突破点，也就是一种产品可以引爆的点。在这个点上做到极致，建立优势地位和良好口碑，引发二次传播，再基于此，以点带面，各个击破。

众所周知，马太效应在互联网领域尤其强大。所以，很多人断言，有了腾讯这种巨无霸型的即时通信的存在，再做互联网社交就是找死。然而，陌陌却突然崛起了。

很多人都说 Facebook 是社交之王，没有机会再做社交了，可是 Snapchat（阅后即焚）却估值超过 200 亿美元。很多人都说阿里巴巴的存在，已经让新的电子商务平台没机会了，可京东起来了。也有人说，京东是个例外，它和天猫的存在，让新的电商平台再也没有机会了，可是拼多多、云集和小红书却起来了。

打造一款让人上瘾的品牌和产品，对于创业者而言，是实现以弱胜强、以小博大、弯道超车的好方法。

目 录

第9章　　"自来水"是怎么养成的

01

第1章
爆品的
突破点

打造爆品，首先要发现一个突破点。找到能"一针捅破天"的那个点，并做到极致，就能实现以点带面，进而形成爆发式增长。这是一种被实践验证过有效的方法。

以市场空白为突破

截至 2019 年 1 月，小红书这款 App 的用户数已超过 2 亿，估值超过 30 亿美元，入选美国《快公司》杂志评选的"世界最具创新精神公司"榜单，位居美团和阿里巴巴之后，成为第三名。

鲜有人知的是，小红书是从一个极小的点开始做起的。

2013 年，小红书创建于上海，其创始人为毛文超和瞿芳。当时，中文互联网上 55BBS 之类的购物论坛有很多，且如日中天，想要做购物攻略似乎已无机会。于是，创始人们想进一步垂直细分，做出境旅游信息分享，但发现这类型的平台也有很多。于是，他们再进一步细分，做海外购物信息分享，认为这个极小的领域应该还是一片蓝海。

小红书的第一个产品形态仅仅是一份供用户免费下载的 PDF 文件——《小红书出境购物攻略》。2013 年 10 月，在这份 PDF 文件放到网站上不到一个月时，就被下载了50 万次。

这个单点的火爆，验证了创始人最初的一个猜想：尽管出境旅游信息分享的平台有很多，但海外购物信息分享平台却仍是空白。毛文超与瞿芳猜想，海外购物信息分享会是一个巨大的蓝海市场。这促使毛文超与瞿芳决定放手一搏。

2013 年圣诞节前夕，毛文超与瞿芳在苹果手机应用商店上线了小红书 App，主要聚焦于一个点——海外购物内容分享。这个时间点正是很多潜在用户想要出国游的时候，选择在这个时间上架应用程序，小红书顺利完成了种子用户的积累。

2014 年春节，在这个出境旅游的高峰时期，小红书App 成了苹果手机应用商店海外购物类重点推荐的应用程序。在 7 天春节假期里，小红书凭其高度垂直细分的定位，迎来了用户的爆发式增长。

在众多的机会面前，创始人没有被各种机会迷惑，而是深挖细耕。

那时，正值网站 A 轮融资，非常需要漂亮的数据指标。但两位创始人抵制住了面子的诱惑，认真做好"海外购物内容分享"这一个单点。为了鼓励用户贡献优质内容，他们设计了一个模仿驾照扣分的系统，水分太多的内容，会被降权、隐藏，甚至删除。

战略就是选择与取舍。当时，社区里分享旅行与美食的内容逐渐增多，两位创始人的战略定力就显得难能可贵。他们克制住各种诱惑，仍聚焦于"海外购物内容分享"这一个单点，为用户制造了"一针捅破天"的无可替代的体验。

随着时间的推移，小红书作为专业的海外购物分享社区，越来越多的精准用户加入了该社区。小红书在购物内容分享这个领域建立起了强大的护城河。

2015 年，小红书也因此获得青睐，创业不到 3 年就进入 10 亿美元估值的独角兽名单。

2018 年，小红书获得了阿里巴巴集团领投的 3 亿美元资金，其估值超过了 30 亿美元。能够把一个爆点做到价值 30 亿美元，需要的就是"一针捅破天"的坚持。

发展到后来，当小红书确实需要流量变现、以点带面的时候，它仍然坚持单点突破、各个击破的方法。比如，推出电商模式的时候，小红书仍然采取的是发现、测试爆点，然后高举、高打的策略，而没有采用传统的"一网打尽"的运营模式。其创始人之一毛文超说："未来小红书也许不会再是现在的样子，但它一定会取得成功。"

以单项功能为突破点

照片墙（Instagram）是一款风靡全球的移动端社交

应用。它的前身是一个叫作"Burbn"的基于位置的社交网络，它是根据创始人凯文·希斯特罗姆最喜欢的波旁威士忌（Bourbon）命名的。

凯文·希斯特罗姆认为，一开始就有太多功能堆在一起，会让人困惑。他通过分析数据发现，初始产品中的很多功能根本无人问津，只有一个例外：照片。

这个创业项目一开始只有两个创始人，所以他们只能先从最简单的事情做起。另一位联合创始人迈克·克里格说："如果当时我们对一切事情都作长远考虑，那么我们可能会因为什么也做不了而瘫痪。"

两位创始人意识到，拍摄并分享照片可以作为这款应用的突破点，需要围绕这一个点对产品进行重新设计。

迈克·克里格砍掉了 Burbn 中除照片、评论和点赞之外的所有功能。精简之后，他重新发布了产品并更名为照片墙（Instagram），简称 IG。

IG 有一种以简驭繁的文化，在 IG 内部流传有一句口头禅：把更少的事情做好。创始人凯文·希斯特罗姆经常会拿着 iPhone 设计纸板去咖啡厅坐着，然后思考哪些功能要保留，哪些要删掉。这么删来删去，当然会耗费掉几张设计纸板，却能节省几周写代码的时间。

IG 一开始只发布了 iOS 版本，这是因为苹果手机用户相对更容易接受他们的风格。此外，两位创始人可以集中有限的资源快速迭代产品。

直到 2012 年，IG 的 Android App 才在 3 个工程师 3 个月的努力下搭建起来。Android 版本发布 12 个小时后，有超过 100 万新用户加入 IG。

在获得了 4 亿用户以后，IG 被 Facebook 以 10 亿美元的价格收购。到 2016 年，它每年的广告收入已经突破 10 亿美元。

对于 Facebook 来说，这个并购可以避免其核心社交平台上出现隐私丑闻，而且还可以黏住正在逐步流失的 Facebook 的年轻用户。

2018 年，IG 估值超过 1000 亿美元，是 Facebook 最赚钱的收购交易之一。凯文·希斯特罗姆表示，自己并不后悔当初以 10 亿美元把公司卖给 Facebook，即便 IG 现在的估值是当时的 100 倍。

以设计美学为突破点

独到的美学主张、设计感也可以成为爆点。

Beats 公司成立于 2008 年，与大多数创始人的科技背景不同，Beats 的两位创始人安德烈·罗米尔·扬和吉米·艾欧文是流行音乐界的大亨。前者是音乐公司的老板，曾挖掘培养出埃米纳姆这样的说唱天王；后者也是一家唱片公司的老板，推出了 50 美分、U2 等众多歌手的作品。

在 Beats 面世之前，市面上的中高端耳机主要迎合发烧友的偏好，比拼的主要是音质，结果导致多数大牌耳机对耳机的外观设计并不是很在意。但对于普通消费者而言，耳机中那些高音、中音、低音的细微差别，其实他们几乎区分不出来。

这让吉米·艾欧文萌生了自己做耳机的想法。安德烈·罗米尔·扬和吉米·艾欧文一拍即合，一开始，二人的目标就是打造一款很时尚、很有设计感的耳机。

当大多数高端耳机在音质赛道上拼杀时，Beats 则选择在外观设计上发力。

Beats 的创始人安德烈·罗米尔·扬和吉米·艾欧文本身就是音乐圈的大咖，他们的粉丝可以保证一部分销量。他们的粉丝又可以影响圈外的消费者，进而让这款耳机出圈。

然而，Beats 耳机的质量也充满了争议，一位网友将某款 Beats 拆解后得出结论：其用料极其廉价。为了让耳机更有质感，Beats 在里面加上了四块金属以增加其重量。

上千元买一个耳机煲机，只是少数发烧友的行为。在音质发烧友之外的消费者看来，音质的轻微变化，无足轻重，耳机的设计和格调才是真实可见的。

美国有一家提供在线寄发邀请函的网站，名叫 Paperless Post，也是以设计美学取胜。发送纸质卡片档次太低，发送电子邮件情意太轻，那电子版的纸质卡片或许能满足你的要求。

在 Paperless Post 看来，卡片不再是一张简单的硬皮纸，而是充满无限创意和丰富内涵的美的化身。你可以发挥想象亲手制作，也可以购买顶级设计师们的精美设计，让寄送卡片成为一件文艺高雅的事情。

Paperless Post 是一个为人们提供在线寄发邀请函的网站，也是美国邮政服务公司的最大竞争对手。2008 年，Paperless Post 由年仅 27 岁的亚历克莎·赫希菲尔德和她弟弟詹姆斯·赫希菲尔德创立。

该公司鼓励人们通过电子邮件发布通告和邀请，网站是免费的，而且公司拥有数百个设计模板。但是，如果用户需要使用高级模板和信封，则需要预付一种名为"Coins"的代币。

最初，Paperless Post 的电子请柬通过电子邮件、脸书或推特等社交网站寄送，在屏幕上以一张纸质信封的图像呈现。卡片会从信封中弹出，配有别致的内衬和顾客亲自挑选的书法笔迹等华丽装饰。

在 2012 年年末，公司开创了另一种收入模式，推出纸质的 Paperless Post 服务，允许用户在 Paperless Post.com 网站上面设计一张卡片，然后可以通过电子方式或是纸质邮政方式发送给对方。

亚历克莎·赫希菲尔德向媒体透露，60% 的 Paperless Post 用户希望可以通过纸质邮政寄送卡片。"他们告诉我，他们喜欢 Paperless Post，但是在某些时候也需要用纸张来寄送东西，因为毕竟纸张还是具有质感的，而且还可以保存很长时间。"

Paperless Post 并非一种全新的创意，早在它之前美国就已有了 Evite.com 等类似的网站，但它们提供的服务是免费的。而 Paperless Post 的策略是优化已有的免费服务，将其美学价值做到极致，然后收取一定费用。

该公司在线上、线下的角色之间可以游刃有余地转换。它从线上起步，在以便捷为优势的电子邮件世界以注重设计美学取胜，又利用线上平台，将经过历史考验的纸张呈现给重视网络效率和可接触的用户，彻底改变了信函世界。

该公司数字化的创新速度并没有减缓，为了提升美学设计，这些纸质的卡片设计均出自知名设计师。

该公司与领先的时尚和生活设计师合作，自创立至今，已先后与凯特·丝蓓、王薇薇、奥斯卡·德拉伦塔、乔纳森·艾德勒和约翰·德里安等大师合作过，他们都负责为 Paperless Post 网站进行模板设计，如今网站发送的贺卡数已近亿份。

以极致性价比为突破点

正所谓"没有降价两毛钱买不到的品牌忠诚"。极致性价比，对普罗大众有着强烈的吸引力。

为此，我们可以设计一种引流产品。例如，很多电子商务平台是以图书作为引流产品的，因为图书出版业长期存在赊销的潜规则，出版商为了按时收回货款，通常议价能力很弱。电商平台以图书这种低价、高频的标品为平台带来客流，进而形成消费习惯。

小米公司就曾将某款插线板做到了极致性价比。这是因为，插线板未必赚钱，却能够以此为突破点引流。此外，插线板还是一个被频繁使用的物件，能够在小米公司的产品生态中起到一种高频打低频的效果。

小米为了做这款插线板，特意和一家名叫"突破"的电气公司进行了深度合作。2013 年，突破电气和小米共同投资青米做插线板。这款插线板带有 USB 插口，能够直接做电子产品的充电器用。这款插线板自 2015 年 4 月上市以来，3 个月的时间销量达到 100 万个。

好的引流产品具有极致性价比的特点。

宜家家居就有很多引流产品。宜家的产品不仅有着独到的美学主张，而且善于以极致性价比吸引客流。比如，宜家店门口的廉价饮料和热狗，宜家的拉克桌最低时售价 29 元、平底锅仅售 7.9 元。

正是基于人们对极致性价比的狂热，美国甚至有个名叫 Hukkster 的网站，就是从普罗大众对极致性价比的需求入手而创立的。简而言之，Hukkster 就是一个性价比追踪器，如果你想以最优惠的价格买到心仪商品，却没有时间和精力关注商品价格变动情况时，Hukkster 就会帮你省时省钱，帮你挑选出最为划算的那件商品并及时发送消息提醒你，让你不再错过那些超级划算的商品。

Hukkster 的创始人为艾瑞卡·贝尔和凯蒂·芬尼根，她们都有着丰富的时装购买经验。两位创始人都认为该平台为大公司提供了一种吸引顾客的新方式，特别是购物者能够在他们所喜欢的网站上通过该软件来收藏心仪的商品。

由于市场上 70% 的打折商品都是通过优惠打折码来提供的，这家公司开发的 HukkIt Chrome 插件为消费者提供了一键体验，可以轻松跟踪其想购买的商品优惠打折码，这些商品包括服装、配件以及家用器皿等。

Hukkster 可以最大限度地为消费者提供折扣信息，这些信息来源于超过 1000 家的大型商场。每成交一单，公司就从零售商那里收取一定费用。

Hukkster 也会直接和品牌商合作，为其带来流量和销量；而消费者则可以通过优惠码获得自己感兴趣的商品。

Hukkster 这种在商品销售周期中间而非末段切入快时尚行业的新颖模式，为顾客和零售商带来了双赢。

以情怀为突破点

Zady 是一家提倡绿色时尚价值观的在线零售平台，它所主张的工匠精神与环保理念的情怀，让自己在市场上获得了一席之地。

这家公司创立于 2013 年 8 月，创始人索拉娅·达拉

比曾创办过美食应用软件 Foodspotting，该软件在 2013
年初被 Opentable 以 1000 万美元收购。

2013 年 7 月，索拉娅·达拉比首次公布这个名为
Zady 的在线零售平台将在 8 月底正式向大众开放。这是
专门为注重工艺和原创性的用户打造的购物平台，它会
将货品制造过程的各种细节，全部事无巨细地展现给用
户。包括产地、设计者、制作者、原材料来源和配料的使
用等。

Zady 销售类目包含较小的品牌，如底特律 Karmo
Studio 精品皮革产品，也包含较大的品牌，如纽约的男装
史蒂芬·阿兰（Steven Alan）。

Zady 旨在改变人们看待时尚产品的方式，特别是快
销时尚行业。该公司创始人索拉娅·达拉比和玛克辛·贝
拉非常专注于提供高品质、纯手工制作的商品，而且这些
商品都是在美国本土生产，并极具环保意识。在她们眼
里，少即是多。

该平台在售的每一件货物的设计者，都对产品的来源
和制作过程了如指掌。Zady 的打造者们会亲自审查这些

货物，审核以可持续性作为主要标准，包括是否为本地产品、手工打造、使用高品质原材料和对环境是否友好等。

欲加入该平台的商家必须和官方签订一个合同，来认证厂商地址、加工城市和原材料来源地的信息。毫不夸张地说，Zady卖的不仅仅是服装，还有服装背后的故事。比如，在上线某一款产自俄勒冈的手织毛衣时，他们会调查服装的制造方式、材料来源以及加工城市。迄今为止，该品牌汇聚了来自欧美的手工业者和小企业制造的各种精品。

32岁的玛克辛·贝拉和31岁的索拉娅·达拉比现居纽约市，二人相识于明尼苏达州的中学，索拉娅·达拉比的母亲是进修学院的校长，与该州的农场有直接合作关系。因此，推出一个采用天然纤维，且与农场有着密切联系的自有品牌，正是她价值观的一种体现。

索拉娅·达拉比自认为并不精通时尚，但她却是一位精通电脑的技术达人，她曾供职于一间大型数字媒体公司，所以她了解新兴的社交媒体的格局。

玛克辛·贝拉和索拉娅·达拉比形成互补，她对时尚产业了如指掌。当贝拉走访了一些落后国家的手工业者后，她开始关注企业背后的产业链，以及它所产生的社会影响。

所以，Zady 不仅是一个科技行业的风投项目，Zady 更像是一种社会企业，它有一个绿色时尚的宏伟愿景，它促使消费者把时尚与社会责任感相联系。Zady 会拿出交易额的 5% 来帮助其合作伙伴 The Bootstrap Project，一个旨在扶持全球范围内古老手工业者和传统的非营利组织。

Zady 于 2015 年 7 月上线，其产品销往世界各地，其中大约 20% 的网站流量来自加拿大、法国、日本和英国。

"Zady 的基本观点是，消费者的集体购买决定会带来积极影响，但这必须基于销售范围的全球化，到目前为止，我们的重心还只限于美国。"联合创始人索拉娅·达拉比和玛克辛·贝拉表示。

以用户痛点为突破点

奥马冰箱，相对于海尔等品牌，知名度并不算高。但是它却打造了一款售价不到 800 元的爆品，年销量达几十万台，玄机何在呢？

靠的就是以用户的痛点为突破点。

刚开始，奥马冰箱和国内的其他冰箱品牌差不多。前身一直在做海外的销售，一年的销售规模是 650 万台，在国内排前几名，但是如果做国内的市场，反而没有了优势，因为大家对它都没有太多的认知。

商家经过调研后发现，购买奥马冰箱的目标人群主要是 90 后。因为大约有一半的年轻人都会背井离乡，选择去一线、二线大城市就业和居住，对于多数需要租房子的年轻人而言，他们都需要一个过渡性的小冰箱。

每一年国内毕业生就高达 700 万人，加上其他非毕业生渠道进入社会工作的人员，几乎达到上千万人，并不是所有人都乐意购买一台价格昂贵的大冰箱，这时候奥马冰箱的优势就出来了。

于是奥马冰箱就有了"做年轻人的第一台冰箱"这样清晰的产品定位。

奥马冰箱一台单门冰箱只要 555 元，一个双门小冰箱只要 799 元，过往是出口欧美市场，是经过欧盟认证的产品，产品品质过硬。

奥马冰箱这款产品，解决了年轻用户的痛点，自然会吸引很多的用户购买它。

寻找用户痛点，就要先找到核心族群。这需要你舍弃传统用户调研方式，用心发现用户痛点。

·收集你所在行业的 100 个核心问题，形成个人品牌的理论。

·和用户谈心、听粉丝吐槽、搜网络引擎，找到用户最关心问题。

痛点，其实一直存在于我们的日常生活中。只是我们妥协了、麻木了，就认为理所当然了。

发现痛点，你还需要有一颗敏锐的心。

2008 年圣诞节前夕的巴黎，有一个名叫卡兰尼克的美国青年在雪夜中等待出租车。此时，他刚从欧洲最大的互联网科技大会 LeWeb 的会场出来，然而，就像很多人经历过的一样，久久等不到一辆车。于是，卡兰尼克萌生了开发一款手机叫车软件的念头。

一年后，一家名为"超级出租车"（UberCab）的公司成立了，这就是如今炙手可热的优步的前身。

优步探索出的叫车模式，改变了私人出行的方式。

优步客户端载有电子地图，在地图上找到距离最近的车辆并派发订单。当车辆靠近时，乘客会在地图上看到显示，同时收到手机短信提醒。接单后，司机会打电话跟乘客确认几分钟内车辆到达，车上还备有充电器、瓶装水等供乘客享用。

到达目的地后，车费会自动从乘客银行卡上扣除，这就省去了付钱、找零、给小费、拿发票等环节。

乘客可以对司机评级，司机也可以对乘客评级，这样对乘客和司机的态度都有所约束，促进大家彼此友好相处。

优步从上述这几个方面重新设计了整个服务过程，全面提升了出租车这种垄断型服务行业的顾客体验。

卡兰尼克在打车时发现了痛点，然后觉得应该有另一种交通出行方式。痛点即商机，这样说也许比较疯狂，因为现实总是阻力重重，既得利益通常会打击创新。也正是这些障碍，成了你最好的竞争壁垒。

你对痛点的解决，可能会撕开一个崭新的世界。优步不仅改变了很多城市叫车的方式，还从整体上改变了车辆拥有制度和交通出行方式，以一种全新的方式利用了现有的交通设施。

其实，快递行业真正的痛点并不是成本，而是快和安全。美国的同城快递公司 Postmates，堪称闪送行业的急先锋。

网上购物通过快递公司传送是理所应当的事情，同城快递也早已实现了当天到达。然而当出现一个快递团队，专门在买家和卖家之间来回奔忙，你或许会觉得有些稀奇。

Postmates 就是这样一个快递公司，实体店可以把送货服务外包给它，它会把消费者想得到的任何物品当天送达。

同城快递 Postmates 是旧金山的一个创业团队，于2011 年创建，主营业务是为商家提供第三方配送服务。Postmates 快递公司创始人兼 CEO 巴斯蒂安·莱曼说："我能够在一个小时内将任何东西带到你面前。"

Postmates 公司创立的目的就是要成为整个城市的基础设施，为连锁酒店和零售行业提供更为灵活高效、低价便捷的送货服务。Postmates 用户能够要求送达任何东西，从生鲜食品、数码产品到文件、礼品等。

正如其创始人所言："当你有一款产品能让用户形成依赖时，你就赢了。"往大了说，它可能会革了传统同城快递公司的命；往小了说，它为人们提供了异常方便的快递服务。

在创立之初，Postmates 主要与连锁商家合作，但在 2015 年 11 月，其官方博客发布消息说该公司收购了 Sosh 公司（一款本地生活 App 推荐平台），及其所有团队成员。由于 Sosh 可以为其带来更多的个体商家，本次收购令两家公司在业务上可以实现较强的互补。

仅在 2013 年第一季度，Postmates 就为旧金山和西雅图的商户提供了超过 100 万美元的快递服务，且业务量在以 20% 的速度逐月递增。其创始人称，快递员能够提取 80% 的快递服务费用和 100% 的小费。该公司有 70% 的快递员是全职员工，30% 的快递员是兼职赚外快的人。

Postmates 从每笔快递服务费中抽取两成的佣金。

现在公司还和很多餐厅或商家合作，共同推出外卖服务，这样足不出户就可以坐享美食了。

相比于亚马逊之类的电商巨头，Postmates 的生存逻辑是，采用社会化的配送人员，以低价快速配送取胜。社会化方式使公司变得很轻，大多数配送人员使用的是自行车，能在一小时内送达。

2019 年初，Postmates 又完成 1 亿美元融资，估值 18.5 亿美元，此轮融资者由老虎资本领投，黑石以及其他旧投资者跟投。现在有大量的企业也想进入这个当日到达的业务，但 Postmates 已经建立了自己的护城河。

以用户偏好为突破点

你或许听说过 Yelp，粗浅地说，就是一个美版的大众点评，是美国最大的点评网站。2004 年，Yelp 作为一个概念验证手段在旧金山启动时，其创始人前贝宝（Paypal）工程师杰里米·斯托普尔曼都不确定 Yelp 究竟有没有足够的价值。但这个网站在 2016 年上市时，获得了 20 亿美元的估值。

Yelp 囊括了各地餐馆、购物中心、酒店、旅游等领域的商户。在创立初期增长十分乏力，因为它当时有一个十分强大的竞争对手——城市搜索（Citysearch）。这家公司比 Yelp 大得多。

Yelp 的创业团队在分析用户使用偏好时发现，相当多的用户都在使用网站上一个本来不被重视、隐藏得很深的功能——用户可以发布对当地商家的评论。

Yelp 的创业团队做了一些试验，观察当把评论置顶并居中显示时网站访客将做何反应。在看到不错的结果之后，他们调整了商业模式，从最初向他人推荐商家的模式转变为以评论为核心的用户体验模式。

但他们并没有止步于此，之后，团队又在网站上创建了旧金山湾区 2000 万小商家的资料，并鼓励用户添加评论。用户可以在 Yelp 网站中给商户打分、提交评论、交流购物体验等。Yelp 真实的用户评论，尤其注重把一小撮意见领袖写的评论，称为 Yelp 用户的重要参考。

Yelp 鼓励互动，通过各种形式展开用户间的互动，社交元素的加入也让 Yelp 用户更加活跃。这种功能一出，它的主要竞争对手城市搜索立刻变得逊色。

突破点被找到了，增长就此一触即发。

这样的模式很快使 Yelp 与看重达人评论、坐等匿名用户评论的城市搜索区分开来。

02

第 2 章

爆点的试错、迭代与
数据分析

02

　　每个推广计划都是从一系列假设开始的，这就需要通过实验来验证，到底哪些假设是正确的。避免花了大量的资源之后，才发现走错了路。

　　过去，那种项目严格保密，经过多年时间打磨，然后惊艳亮相的创业模式已经是过去式了。现存的优秀企业，大多都经历了这样一个成长过程：发现一个爆点→小范围实验→反馈改进→产品迭代→获得核心认知→以点带面→高速增长。

叫好的产品未必能叫座

一个好点子，如果不结合现实进行验证就上马，很可能会铩羽而归。

有一则著名的商业案例，讲的是瑞士发明家乔治·德·迈斯德欧在 1955 年获得了粘扣带的专利权。粘扣带就试图取代鞋带。这是因为，粘扣带作为系紧鞋子的一种方法，比鞋带使用起来简单、快捷，而且还避免了鞋带容易松开，甚至把人绊倒的尴尬。然而，一种产品看起来很好，市场却未必买账。

粘扣带主要占领了儿童和老人鞋子的市场，成人鞋子却较少采用。这是因为，穿带有粘扣带的鞋子的主要是老人、儿童和残疾人。

除了成年人的消费习惯已经形成，还有一种原因就是，在大众的印象中，"粘扣带"基本等同于弱者。人们会在潜意识里避免将自己的形象与弱者相关联。

勾勒你的产品原型

2007 年，云存储创业公司 Dropbox（多宝盒）成立了，它能够提供免费和收费服务，在不同操作系统下有客户端软件，并且有网页客户端，能够将存储在本地的文件自动同步到云端服务器保存。

在一开始，这只是个设想，因为实现这些技术的开发成本很大，为了规避风险，避免这些服务最后叫好不叫座，其创始人德鲁·休斯顿使用了一个简单的招数：拍一段视频，向客户展示这种服务。

休斯顿制作的这一段视频，比开发一个兼容多种操作系统的云储存系统要简单多了，相比之下，成本可以忽略不计。

这段不到 3 分钟的视频，演示了该技术是如何提高工作效率的。观众可以很直观地看到这项服务的便利之处。

德鲁·休斯顿回忆道："视频吸引了几十万人访问我们的网站。产品公测版的等候名单一夜之间从 5000 人上升到 75000 人。真是让人又惊又喜。"

2011 年，Dropbox 在全球已经突破了 5000 万用户，其中 96% 是免费用户。但由于云端服务的特性，Dropbox 的存储成本将被无限摊薄，所以，这个项目仍有极其丰厚的利润。

爆了，然后呢?

引爆一个点，不外乎四种结果:

1. 没爆，就像一颗哑弹，浪费了资源，徒增笑耳。

2. 爆了，宾主尽欢，各方受益。这是我们想要的理想结果。

3. 爆了，犹如烟花般绚烂，热闹大于成效，浪费了资源，却不知道浪费在了哪里。

4. 爆了，却炸到了自己。很有杀伤力，杀的却是自己，潜在客户恶评不断，流量变成了负资产。

坊间谈网络营销的书籍可谓汗牛充栋，但大多是外行看热闹。

在 YouTube 上，曾经有一条名为"超级滑轮宝宝"的视频广告疯传。视频中，一群穿着纸尿裤的婴儿们正蹬着滑轮玩耍。婴儿们活跃、敏捷地跳动着，与一首 Hiphop 风格的背景音乐很合拍。

这则广告的金主，正是依云矿泉水公司。广告被转载了 5000 万次，成为最流行的在线视频广告，被载入了吉尼斯世界纪录。

然而，这则广告并没有与依云建立内在的关联，也就是说，把广告中的依云矿泉水换成任何其他品牌矿泉水，甚至其他任何快消品都毫无违和感。

没有任何证据表明，这则广告带动了依云矿泉水的销量。在广告播放后将近三个季度里，依云反而失去了 25% 的市场份额。

很多网络广告火了，但很可惜，它们却没有让品牌受益，没有真正吸引到客户，促进商品的销售，这就背离了营销的初衷。霸屏和吸客，应该成为一条完整的闭环。

仅仅靠花拳绣腿获得噱头，是抓不住问题本质的。一些策划，不过是滥用客户推广资源实现自己野心的孤注一掷。当然，这还不是最糟糕的结果。

早些年，某公司发布了一款优惠酒店预订 App，没想到这款 App 受欢迎程度远远超出预期，第一个月的下载量就超过了 10 万 +。但由于准备不足，这个本来应该尚处于封测阶段的产品使用起来非常不便，比如支付不方便、与酒店协调不到位等。

至此，人们对它的印象就定格在了不友好上。热闹几个月后，这个项目也就偃旗息鼓了。

爆点营销，不仅是一种高难度的工作，更是一件高风险的事情。因为你所引爆的，可能是个彩蛋，也可能是个定时炸弹。极速增长或传播，往往会带来意想不到的后果。

因此，当营销人员鼓吹爆品、爆款的时候，你更需要一种全局性的系统思维，而不仅仅是一招半式的"术"。

寻找爆点、设置爆点并不是最终目的，我们的目的是形成用户忠诚度，进而以点带面。

世上确实存在一些能够攫取流量、实现用户病毒式裂变的方法论，然而，如果你没有一个好产品，或无法提供真正有价值的服务，那么这种暂时的用户增长就好比一个诅咒。这种诅咒就是一种负面的口碑效应。

这就好比一本书名充满噱头的书，吊起了读者的胃口，吸引读者翻开，但读完之后却令人大失所望。这样的打开率并不能转化为购买率，也就无法实现真正的成交。

爆点只是一个起始点。后面的工作还包括客户激活、客户留存、变现与自传播。如何理解这个点，如何以点带面，是对运营者能力的挑战。

增长越快越好吗？

这可不一定。

2010 年，Facebook 投资了 BranchOut。这是 Facebook 投资的一家职业社交网站，它的对标对象是领英（LinkedIn），旨在使 Facebook 的用户通过关联他们的工作联系人在网站上搭建一个职业网络。

当时的财经媒体盛赞它为领英的挑战者。评论家分析得头头是道：如果你在 Facebook 上有了自己的职业人脉网，那还要领英做什么呢？

为了加速这个 App 的增长，BranchOut 团队设计了一个巧妙的增长手段，即利用 Facebook 的邀请功能让更多用户把 App 分享给他们在 Facebook 上的朋友。

当时，Facebook 允许用户向自己在这一平台上的朋友发送邀请，分享自己新安装的 App。事实上，很多 App 都通过在 Facebook 上利用这一功能获得了飞速增长，比如，大受欢迎的游戏应用乡村度假（Farmville）。

但是，Facebook 的基本邀请功能只允许用户一次性向不超过 50 位朋友发送邀请，而 BranchOut 团队知道 Facebook 邀请的转化率非常低。他们认为，确保病毒式增长的唯一途径就是使用户发送更多邀请。

他们发现了一个办法，能让用户跳过 50 个好友邀请的上限，通过在一个经过特殊设计的窗口中反复点击下一步按钮，使 Facebook 的邀请系统向用户建议向另外 50 名好友发送邀请，如此反复进行。

这一手段使得用户推荐量激增，BranchOut 的用户数量也在短短三个月的时间里从 400 万增加到 2500 万。

BranchOut 的创始人里克·马里尼（Rick Marini）在 2012 年的一次演讲中承认，这个急功近利的路子让公司陷入了被动：由于太过仓促地追求获客，没时间打磨产品，客户体验没能跟得上去。

这种方法确实能够获取流量、实现病毒式增长，但是如果想要维持长期的用户增长，首先必须有个好产品。

BranchOut 的教训在于，必须持续打磨改进产品，才能吸引用户每天打开它。不能只做一个人们偶尔需要的工具，而是要打造一个社区。

验证你的最小业务闭环

正如史蒂夫·布兰克（Steve Blanc）所言，创业企业的目标是找到可重复、可盈利的商业模式，在找到之前要努力保存现金，一旦找到了成功的模式，就可以大量投入资金跑马圈地了。

全球最大的网上鞋店 Zappos 的年收入总额超 10 亿美元。它被认为是全球最成功、最以客为尊的电子商务公司之一。这个网站是怎么开始的呢？

要知道，那是 20 年前，人们对电子商务还半信半疑。

他的联合创始人尼克·斯威姆（Nick Swinmurn）首先要验证的第一个疑问是：人们是否愿意在网上买鞋？

他只能假设顾客愿意在网上购鞋。为了验证这个假设，他并没有去租仓库，进货。而是询问本地的鞋店是否能让他为店里的库存产品拍照。为了获得拍照许可，他承诺会把照片放在网站上，如果网上有顾客要买这双鞋，他就会代客以全价从这家店里买下这双鞋子。

所以，Zappos 最初的产品很少也很单一。它的任务只是验证一个最简单的问题：人们是否愿意在网上购买通常要试穿的鞋子。

尼克·斯威姆通过前期的低成本实验得出一个结论：不愿网购鞋子的顾客数量固然很多，但愿意网购鞋子的顾客也不少。

不久，尼克·斯威姆认识了华裔创业家谢家华，并提出了一个网上卖鞋的思路。最初的时候，谢家华并不以为然，谁会在网上购买这种具有显著店铺销售特征的商品呢？其实，这也是其他人的认识。而斯威姆一共也只筹集到 15 万美元。

尼克·斯威姆给谢家华发了一个语音邮件，再一次阐述了自己的思路：整个美国鞋类零售业的市场规模高达 400 亿美元，其中有 5% 是通过邮购目录的形式实现的，这就相当于 20 亿美元。

　　触类旁通的谢家华一下被说服了，于是他向尼克·斯威姆的网店 ShoeSite 注入了 50 万美元，不过 "ShoeSite" 太过直白，于是更名为 Zappos，根据西班牙语 "鞋子" 一词 Zapatos 演绎而来。

　　6 个月之后，谢家华开始同尼克·斯威姆一起经营这家公司。不久之后，谢家华进一步向 Zappos 追加投资 1000 万美元。他对于这家网站的兴趣迅速升温，2000 年，谢家华成为 Zappos 的首席执行官。

　　此时，网上卖鞋已经成为红海，加上互联网泡沫，一片哀鸿遍野。网上几乎卖不出什么东西，比卖不出货更糟的是，每 10 份订单中就有一份不能履行，主要是商品脱销。

　　脱销的背后则是供应商只是通过网站销售一些季末的尾货，顾客并非有充分的选择。与 1999 年没卖出多少鞋相比，2000 年也只卖出了 160 万美元。

　　"那时我们每天都想着可能破产。"

　　为了方便顾客挑选，Zappos 为库存的每一款鞋从八个角度拍摄了照片。为了送货快，Zappos 把仓库搬到了联合包裹服务公司的机场附近。Zappos 对顾客作出承诺，如果觉得鞋买得不合适，送货和退货的运费都是免费的。之后被总结为，"鞋合适就穿，不合适就换"。这一举措并非 Zappos 首创，但是它做得最为彻底。

根据 2004 年的数据，Zappos 平均每份订单的金额为 90 美元，尽管退货率高达四分之一，但 Zappos 的毛利仍可达 35%。

2009 年，Zappos 被电子商务巨头亚马逊网站（Amazon.com）收购，据报道收购价为 12 亿美元。

以消费者为师

用户比开发者往往更知道你的爆点在哪里，他们在使用中汇合成的数据，就是开发者应该发力的方向。

下面这两个案例中的高朋和拼趣，是相映成趣的一对案例。一个是想做社交的，最后做成了电商；另一个是想做电商的，最后做成了社交。但他们有一个共同的特点，就是以用户为师。

高朋是一家本地化电子商务团购网站，是团购的鼻祖。美团等网站皆是高朋的中国兄弟。

高朋的前身是一个叫作"The Point"的服务性社交网站，可以为各种事情、各类群体进行募捐筹资。其模式有点像后来大热的众筹，人们可以在网站上为某个筹资项目提供资金，而筹资项目只有在足够多的人加入时才会向所有人开放。

The Point 没有做成众筹也没做成社交，因为这个产品推出后反响寥寥，情况糟糕到创始人安德鲁·梅森差点退回投资人的所有资金。

但是，这次挫败仍使安德鲁·梅森收获了大量真实的数据。在分析用户行为之后，他发现那些给予用户优先与优惠购买权的筹款项目最容易成功。

2008 年末，安德鲁·梅森决定尝试一些新鲜玩意儿。尽管他胸怀大志，但这次他们打算把新产品做得简单一些，集中到一个点，开发了一个"最小化可行产品（MVP）"。

安德鲁·梅森在 WordPress 网站上开博客，做了一些装饰，把它命名为"Groupon"，接着每天发一个新帖子。当时确实相当寒酸。比如，要在这个第一版的 Groupon 上售卖 T 恤衫，会在博文里写：进货的 T 恤衫是红色，大号。如果你想要其他颜色或尺寸，请发电邮给我们。甚至都没有设置什么表格让顾客填一填。一切都很粗糙。但他通过这个测试发现，用户确实喜欢这个活动。

于是，安德鲁·梅森决定另起炉灶，把精力集中在团购业务上，并为网站起了新名字 Groupon，中文译作高朋。Groupon 是一个创意单词，即 group（团体）和 coupon（优惠券）两个词的组合。高朋团队由 The Point 原班人马组成。梅森为此还提出了一个口号："建立你的 Groupon.com。"

高朋聚焦于一点，每天只推一款团购折扣产品、每人每天限拍一次。公司就此实现了腾飞。

高朋成立于 2008 年，当时适逢金融危机，消费者囊中羞涩，商家却有大量库存滞销。高朋这种一手托两家的平台模式，迅速解决买卖双方的痛点。一出现就受到商家和消费者的追捧。

从 2010 年到 2011 年，高朋仅仅用了两年时间，营收同比增长就分别完成了 927%、415% 的飞跃。高朋的市值曾一度高达 160 亿美元，谷歌曾经开出 60 亿美元收购要约都吃了闭门羹。

《福布斯》杂志将其评为"历史上增长最快的公司"之一，《时代》杂志将其选入当年最佳 50 网站之一，《纽约时报》称其可能是史上最疯狂的互联网公司。

高朋这个巧妙的模式孕育了无数的模仿者，他们形成了一个规模巨大，名为"社交电商"的物种。随着团购的逐渐降温，以拼多多为代表的新型社交电商又崛起了。

Pinteres 在国内被译为"拼趣"，与高朋一样，这也是一个创意组合词。"pin"是大头针的意思，"interest"是趣味的意思。

拼趣的前身是一个叫"Tote"的移动电商应用，后来才转型成为一个发现并分享灵感的网站。因为创始人本·西尔伯曼（Ben Silbermann）发现，Tote 的用户并没有像预计的那样在应用里购买产品，而是将从中看到的喜欢的产品收藏起来。

基于这一发现本·西尔伯曼改变了思路，设计了一个使用户能够在网上轻松展示这些珍贵收藏的应用。

布莱恩·科恩是本·西尔伯曼的第一位投资人，他说这一重新定位是"他（西尔伯曼）从第一个产品中吸取经验教训之后得到的结果"。

拼趣已经演变为一家以兴趣为基础的社交网络，也是近些年美国最热门的图片分享社区，更是一个自称"个人版猎酷工具"的视觉社交目录网站。

它通过图片墙（Pinboard）发布图片，这就像是一面虚拟的灵感墙，收藏着丰富多元的设计和视觉艺术。以一面图片墙作为单位，你可以在上面钉（pin）喜爱的收藏，其他网友可以关注并转发，索尼等公司也利用其发布产品图片来做营销推广。

这个网站采用瀑布流的形式展现图片内容，页面底端自动加载无须翻页，可以让用户不断发现新图片。

它在 2011 被评为"美国最受欢迎的十大社交网络"，并以月增长 45% 的速度赶超谷歌，成为美国社交网络中的一匹黑马。

该公司于 2010 年 3 月正式上线，由 29 岁的本·希伯尔曼和其耶鲁大学校友保罗·夏拉（Paul Sciarra），以及两人的设计师好友伊文·夏普（Evan Sharp）共同创立。

到 2012 年年初，网站的每月独立访问用户数量已突破 1100 万，平均每位用户每月在网站上逗留 98 分钟，这一时长在诸多社交平台中仅次于汤博乐（Tumblr）和脸书网（Facebook）。由于用户中年龄介于 25 岁到 44 岁的女性占比高达 59%，故有人称它是家庭妇女和欧美主妇的天堂。

联合创始人兼首席执行官本·希伯尔曼称，他希望网站能持续运转下去，成为人们收集有趣东西、愿望和计划的地方，所以需要开始挣钱。从 2013 年下半年开始，拼趣从一个免费为用户提供展示空间来收藏美好与灵感的贴图平台向商业化模式探索转变。

它依然与广告商合作，帮助商家把广告性质的图钉推送到特定用户的 Feed（接收简易信息聚合的接口）中，称为 "Promoted pins"（赞助商图钉），做法与汤博乐、推特和脸书类似。

不过该网站保证打广告的时候会遵循以下三条原则：

一是有品，即不搞那些俗烂或者跳动的广告；二是透明，用户会知道这则广告是谁赞助的、会出现在哪里；三是相关，会依据用户个人兴趣做调整。目前这些广告主要会出现在搜索结果和分类信息流中，这两个板块也是离钱最近的地方。

除此之外，网站针对食品、零售产品和电影也分别推出三种不同类型的图钉，令用户更容易点击链接购买商品，从而迈出与美国大型零售品牌合作的第一步。

新格式仅仅支持合作网站的商品。如果用户点击食品图钉，里面将包括配料列表及相关信息，这些信息上面则是原始网站自动生成的照片。产品图片会显示用户能找到待售商品的地方，而电影图钉则会显示有关某部电影的各种信息，如评分、演员阵容和上映日期等。

2015 年 2 月，公司与苹果手机应用商店合作推出手机客户端图钉，这意味着用户无须跳出网站页面至应用商店就能直接下载应用到苹果手机或 iPad 上。在这个工具中，发现心仪应用的思路跟发现商品、旅游地方和有趣内容的思路一样，网站的兴趣推荐引擎会根据用户行为记录推荐相关的手机应用软件。

　　对用户而言，这在很大程度上节省了他们的选择成本；对开发者而言，则意味着获得另一个手机应用推广平台，这无疑是迄今最为成功的移动广告业务。

　　2015 年 5 月，公司宣布已经对自身广告业务进行较大程度的改版，并针对广告主、品牌商们正式上线了移动端的动态推广图钉。它的视频广告浏览机制和用户之前接触到的是相反的——在上下滑动网站页面时嵌入信息流当中的视频广告会自动播放，不过停留在某个页面时视频广告也会自然停止。

　　当然，用户也可以点击进去浏览完整的动态广告。拼趣为广告主们提供了两种收费方案：CPE 和 CPA。CPE 是指只要用户点击广告就会向广告商收费，CPA 则需要用户安装或购买广告商的手机应用才会收费。

　　在本·希伯尔曼眼中，拼趣上数量超过 7.5 亿的图钉正是品牌营销者想要的：因为每个图钉都暗示着用户渴望拥有的东西和想做的事情。

03

第 3 章

柔性品牌
&灰度发布

互联网时代要学会忘掉定位。

定位是一种与互联网时代越来越不兼容的思考工具。定位首先是一种刚性的设定，最大的风险是一不小心把自己给定死了。

互联网时代，增长最快的公司是那些学习最快的公司，就是最有柔性、弹性、灵捷性的公司。而不是那些自以为是，强行打造人设或抢占心智的公司。

打造柔性品牌

有个突然爆红的冰激凌品牌名叫钟薛高，是 2018 年

3月份由一位名叫林盛的人创立。钟薛高在2018年5月份开始上市，在"双十一"的时候，一天的销售额超400万元，对于雪糕界来说就是一个现象级的产品。钟薛高创始人林盛有着十几年的广告咨询行业经验，这让他在进行营销的时候具有了很大的优势。

林盛在总结经验时说，定位理论是一个非常有指导性的东西，影响了一大批人，当年自己也是定位的忠实拥护者。但有段时间发现，有很多东西用定位解释不通。后来想通了，事实就是事实，没有什么道理可以管一万年。

就像诺基亚、柯达，它们的定位一点毛病都没有，诺基亚总裁最后一次发布会说："我们什么都没有做错，但是我们输了。"

设计一个点去强化，那个时候叫定位、聚焦。但在互联网时代，这招不灵了。你的公司是你的，产品是你的，但你的点在哪里并不是由你说了算，你需要把你的MVP交付市场，让消费者自由定义你。

在这个时代，实践走在了理论前面，消费者走到了企业前面。爆点理论与定位理论不同之处在于，爆点的点是自下而上获得的，而定位则是顶层设计而成的。

　　林盛直言，钟薛高不谈定位。他希望钟薛高能成为一个柔性品牌，把品牌想象成一个球形。

　　这就好比，有人看到了你勇敢的一面，然后会有很多人说你的人设就是勇敢，但除了勇敢以外，你可能还有幽默的一面。

　　在互联网诞生之前，由于信息交换成本高，人们对消费者的分析都是物理的分法，你能分出来的就只有性别、年龄、收入、消费能力等几个维度。但在今天，我们能给一个消费者贴上一千多个标签。

　　你会看到人类是如何的一个矛盾体。同样一个人，他背着包出门的时候，就是一副冲锋打仗的样子。但到了晚上，他回家的一瞬间，可能立马就瘫倒在沙发上。在不同的场景下，消费者会呈现出不同的样子，那品牌为什么非要给自己搞一个刚性的人设呢？

　　把自己的品牌变得更柔软一些，不给予定性，消费者认为我是什么，我就是什么。把贴标签的主导权下放给消费者，反而会赢得更多的顾客。比如，消费者会给钟薛高贴上一些标签，比如好吃、品质高、有格调、善良等。每多一个标签，就意味着钟薛高多黏住了一个属性的人群。

用户比你更懂定位

以 Facebook 为例，它的前身是哈佛大学的大二学生马克·扎克伯格做的一个小型社交网站 FaceMash。mash 在英语俚语中有调情的含义，其诉求点非常简单，就是一个青年男女的约会网站，这个网站的第一个版本仅仅是男女彼此投票，看对方头像是否好看。

按照电影《社交网络》中的说法，大学二年级学生马克·扎克伯格因为与女友分手，感到十分愤怒，盗取了哈佛大学所有女生的照片才制作了这个网站。扎克伯格根据用户反馈，后来才陆续加入了照片评选、个人主页、分享传播等功能。因此，产品是完全根据用户要求迭代做出的。

因为受到网民极度喜爱，Facebook 以病毒一样惊人的速度传播开来。随着用户量越来越大，它已经不适合仅仅定位于一个约会网站，于是改名为 Facebook。短短 6

年后，Facebook 的流量甚至超过了当时的谷歌。

YouTube 最初是一个视频约会网站，之后创始人发现用户上传视频资料并不只是为了寻找约会对象，而是为了分享各式各样的视频，于是 YouTube 摇身一变成为大型视频网站。

联合创始人贾伟德·卡里姆说："用户走在了我们前面。他们开始用 YouTube 分享各类视频，比如他们的狗、假期等。我们觉得这很有意思，所以我们说，为什么不让用户来定义 YouTube 呢？到了 6 月份，我们已经对网站进行了彻底的改造，使它变得更开放、更广阔。这使我们大获成功。"

在这个新媒体、新渠道、新物种纷纷涌现的时代，最需要的是新打法，因为游戏规则已经变了，你需要的是新的因应之策。当你过分强调自己是什么的时候，你所能黏住的用户反而是最少的。也就是说，传统的定位策略正在失灵，或者说是只会徒增困扰。

抢占心智，一种过时的教条

纽约有一条麦迪逊大街，美国许多大广告公司都集中在这条街上，这条街几乎就是美国广告业的代名词。

20世纪60年代，麦迪逊大街又有了一个新的教条，诞生了一个广告传播概念：定位（Positioning）。这个时期，最牛的营销策划人，已经不屑吹嘘产品功能，改为以抢占消费者心智为能事。

定位理论，就其本质来讲是一种抢位策略，就是通过媒体宣传让品牌在消费者心里占据一个什么样的印象和位置。定位是个很好的市场分析工具，但也只是个工具而已。在无远弗届的市场中，它的局限性显而易见。

因为，让消费者知晓一个品牌是一码事，让消费者为一个品牌掏钱又是另一码事。知名度、美誉度等都不能和最终的购买画等号。

定位将指标当成了目标。这就好比，你的目标是出行方便，那么，你能抢占再多的车位又有什么用？

定位是一种先验的理论，你的市场调查、消费者测试，都不能取代市场消费者最终真正的抉择。

定位，只是思考工具之一

世界第一高峰是什么？当然是珠穆朗玛峰，大多数人都知道。那么，世界第二高峰是什么？尽管它也很高，却被大多数人遗忘。这也太不公平了。

这反映了我们的大脑爱偷懒的现实。因为我们的心智资源是有限的。大脑的运行，也遵循代价最小的经济学原则，总是尽可能地走捷径。

这就是著名的定位理论一再重复的事实。消费者在记住某个品类第一名的情况下，就会懒得再记住第二名。

提到剃须刀片，我们首先会想到吉列；提到商用笔记本电脑，我们首先会想到IBM。尽管同类的产品还有很多，我们却总是优先想到它们。所以，定位理论认为，营销目标就是在顾客的大脑里完成注册，让顾客首先想到的就是你。

但是，仅仅抢占心智就够了吗？

人们讨厌乌鸦，喜欢喜鹊，并非因为它们谁唱歌更好听，捉虫子更积极，而是因为它们具有不同的情绪关联。古代花剌子模的国王会重赏报喜讯的信使，斩掉报坏消息的信使，这就是"恨屋及乌"。

我们的大脑并存着快与慢两套决策系统。一套爱抄近路，依赖直觉和本能，快捷地做出决断，但缺点是容易出错。一套脚踏实地，讲究逻辑，但缺点是费时、费力。

现代商业社会，是资讯极其丰富的时代。我们经常要启动快捷方式，依赖直觉做出决断。这时候，情感就是第一位的。如何能在消费者情感这一块儿留下刻印，才是重中之重。如果一种产品能够和某种情绪建立关联，那么就实现了该商品的情感刻印。

营销就要善于利用消费者的直觉，进行情感刻印，这种情感刻印，基本上都是和愉悦相关的。事实上，广告这个行业之所以能够存在，就是立足于这一事实：如果购买某个产品能带来愉快的联想，不管多么不相关，消费者都有可能更倾向于购买它。

我们买钻石，并不是因为它真的物有所值，而是我们希望"钻石恒久远，真情永不渝"。我们买月饼，并不是月饼真的多美味，而是月饼能够唤起我们关于家庭团聚的温暖情愫。

年轻人给老人带了一盒"脑白金",并不是说这东西真的有什么神奇疗效,而是因为在这个含蓄的国度,太多的人说不出我爱你。而这个电视上天天广告的东西,却传达一个讯息:其实,我很关心你。

提起奥利奥饼干,你会想起小朋友把饼干掰开、蘸牛奶,边玩边吃的样子,这是因为卡夫食品进入中国后一直坚持玩着花样吃的情感诉求。提起六神牌花露水,并不是这款香水真的特别优雅,也不是它驱蚊超级有效,更不是因为它从理性上占领了我们的心智,而是它承载着我们童年的记忆。

乔治·路易斯是美国一位资深广告人,其撰写的《广告的艺术》有大众传播学的《圣经》之称。关于定位理论的来历、局限,他曾写过一篇《定位是个屁》的文章来吐槽。

大约四十年前,市场上还没有定位理论,甚至定位这两个字都很少被广告界使用。

一天,优耐路(UniRoyal)化工公司的广告部经理特劳特找到乔治·路易斯,让他帮忙解决一个问题。原来,

优耐路公司最近推出了一种名叫牛哥海（Naugahybe）的
乙烯基皮革，这种人造革甚至比真皮还要柔韧。

　　但是，很快市场就冒出了形形色色的山寨货。优耐路
公司需要一种宣传方案，让顾客知道他们的产品牛哥海才
是正宗的。在这个时候，牛哥海就需要一个策略：让顾客
一听到这个名字，就能联想到它就是最好的乙烯基皮革。

　　乔治·路易斯认为，要用一种让受众感到惊喜的方
式，才能让受众记住。为此，他虚构了一个卡通形象——
牛哥。牛哥是一头高大温柔的怪兽，为了报答人类及优耐
路公司的善意，每年蜕一次皮。尽管牛哥只是个卡通形
象，却充满了温情。

　　这则广告具备了成功广告的要素：想象力、视觉说服
力、故事、温情等等。而这些要素相互协调，又产生了加
乘效应。广告打出一周后，反馈很好。

　　在做展示活动的时候，会场上出现了身高两米多的牛
哥。在售卖用这种人造革做的家具的时候，厂商会在上面
挂上带有牛哥卡通形象的革制吊牌。他们还会赠送顾客 30
厘米高的牛哥公仔。

　　零售商开始争着要赠品。那些公仔和吊牌成为小孩子们喜欢搜集的宝贝。

　　这些小孩不仅鼓动父母买牛哥海制成的玩具，甚至还要求父母买牛哥海制成的沙发。父母们尽管知道那种卡通形象只是哄小孩的玩意儿，但也对这种人造革感到好奇。

　　特劳特作为协调此事的广告部经理，对这个成功案例很是骄傲。后来，特劳特辞职，自己创业开了广告公司。事业节节高升，直到后来成为"定位大师"。

　　特劳特认为，定位就是抢占消费者心智资源，就是让品牌在顾客的心智阶梯中占据最有利的位置，使品牌成为某个类别或某种特性的代表品牌。当顾客产生相关需求时，便会将该品牌作为首选，也就是说这个品牌占据了这个定位。

　　特劳特甚至宣称，创造力已死。麦迪逊大道的新游戏名称是"定位"。

　　但是，乔治·路易斯说，当年他们一起做牛哥海的推广时，从来没有从特劳特的口中听说过"定位"这个字眼。

乔治·路易斯对定位理论很不屑，他说："定位，就是一个屁。其道理非常浅显，就如同上厕所前，一定要把拉链拉开一样。"

我认为，定位仍不失为一种很好的工具。定位理论并没错，但也没有那么高深莫测，用一页 A4 纸的文字，就足以说明所有问题。对定位神化或妖魔化的争执，多是意气用事。

但如果以为仅靠一种工具，就万事大吉了，那么营销也就过于简单了。用心经营一种产品，就如同养一个孩子。你当然要帮孩子设定一个目标，但这并不是最重要的。你要给孩子充分的爱，给他起个好名字，给他合适的装扮，关注他的情感世界，与他做朋友……

人是情绪化的物种，想象力、创造力、同理心在营销中具有点石成金的效果。著名广告人李奥·贝纳的话，现在读来依然有现实意义："有趣却毫无销售力的广告，只是在原地踏步；但是有销售力却无趣的广告，却令人憎恶。"

定位越来越像一种公关技术

定位，其实谈不上是一种理论，更像是一家评奖的商业机构。定位理论是一种自上而下的、精英式的完美设想。定位的流行，离不开学者们的自负与投机。

哈佛商学院的迈克尔·波特教授将定位这个概念引入自己的著作，无疑起到了推波助澜的作用，特劳特也颇以此为傲。定位这种先验的设计思路，可以将战略制订者抬高到一个全知全能的高度，有利于咨询生意。但战略大师迈克尔·波特创办的咨询公司却破产了，还有比这更讽刺的事吗？

加多宝的执行总裁阳爱星，多年前曾说："在顾客心智中建立认知优势是企业唯一可靠、长期的竞争优势，心智地位决定市场地位，心智份额决定市场份额，这就是定位告诉我们的最宝贵财富。"

下次见到阳总，请替我问问他："王老吉过去曾经在顾客心智中建立了唯一可靠、长期的竞争优势。现在，王老吉商标被广药收回了，加多宝还有机会超越王老吉吗？"

也许，这只是加多宝迷惑对手的一种谋略。大佬们到处宣讲的成功秘诀，都是隐藏了各种前提条件的。学我者生，似我者死。不分青红皂白，上来就谈定位，那只是一种障眼法。

也许，加多宝的高层是真心信了定位，所以才不惜与广药力夺王老吉商标，最后连老板也惹来官非，被迫跑路。等到加多宝逆袭成功了，才恍然大悟，原来定位这玩意儿既不唯一，也不可靠啊。

关于定位对于加多宝是否真的那么重要，加多宝内部口径并不统一。

加多宝营销总经理李春林曾经说过："加多宝的成功并没有什么秘诀，只是因为公司的执行力比其他企业更强。"

还有一位名叫区宗恺的加多宝元老说："加多宝的成功，不只靠巨额的广告投放，不只是品牌定位，更不只是渠道做得好。"

从前有一个培训师说："要成为一个销售精英，你就得买一辆宝马。"他列举了很多开豪车的销售精英来佐证他的观点。比如张三开了奔驰、李四开了宝马……他还认为开豪车可以给推销员带来一种强大的气场，能够促进成交。他进一步引申："其实老板就是开着宝马的超级推销员。"

显然，这是一种倒果为因、掺杂着真理的谬论。但这种谬论往往更有市场，更能流行，因为它善于迎合人的智力偷懒本能。甚至，有的人明知它是谬论，也要吹捧它，因为他正好可以用这个理论劝说他爹给他先买辆宝马玩玩。

定位理论之所以能够流行，还有一个重要原因是它植入了一种公关功能——我们的生意做得好，关键在于产品定位好，它能最大化地满足某种客户价值。这正是企业领导人非常乐意拿到台面上大谈特谈的。这就会造成一种定位理论备受企业家推崇的感觉。

定位就好比是一味药，但不能乱用。中医用药讲究君臣佐使，各种理论都是有一定的道理的，但在不同的情景下还是应该有所取舍。就好比芒硝，可以治病，但不是人人都能用。如果有个医生，不管什么病，都给抓二两芒硝，这样的医生当然是庸医。

没有定位，你也一样成功

加多宝和王老吉很可能已经抛弃了"怕上火"这个定位。

正如我们开头讲的，硬广的作用就是一种人质策略。所以，加多宝在某都市报导航做了个广告，堪称对定位之类理论的揶揄：不懂为什么，就是突然想打个广告。

王老吉也紧紧跟进：我也不懂为什么，见楼上打了我也想打一个。

产品自身也有广告效应。

在渠道在握、精心规划的前提下，品牌延伸不仅不会稀释品牌，反而会使品牌产生一种乘数效应，给顾客一种更值得信赖的"大厂家、大品牌"的感受。

不必彻底否定定位，定位是个很靠谱的营销工具。尤其在红海市场，一个好的定位能帮助小品牌脱颖而出。

对于很多行业来说，渠道是"1"，定位就是那个"0"。可以放弃那个 0，但千万不能没有那个 1。当然，也不是所有的商家都需要那个 0，人家明明做的是乘方运算，你非要在人家指数上加个 0，岂不是自讨没趣？

在某期央视《对话》栏目中，特劳特建议格兰仕这个品牌专注做微波炉，在人的心智中植入"微波炉等于格兰仕"这个定位。

当时的格兰仕老总俞尧昌对这位"外来和尚"进行了不留情面的驳斥："我不太同意这个观点，为什么呢？我可以举出一大堆全世界成功的多元化企业，比如西门子也进军了医疗器材等领域，GE 还去生产飞机发动机。索尼起家的时候，生产的是随身听，但现在它的产品线是很长的，如果按照这个定位理论，它只能在随身听领域发展。事实上，格兰仕对空调行业充满信心。全世界一些优秀的家电商基本都用一块品牌运营，西门子、三星、LG、松下等等，都是用一块牌子。如果是多品牌运作，企业的整个经营成本、品牌的运营成本是不低的。"

　　按照特劳特先生的理论，康师傅这个牌子最好只做方便面。可是，康师傅这个商标不但做方便面，还做饮茶、酸梅汤、包装水、糕饼甚至餐馆，样样卖得都很好，甚至在不断爆出质量问题的情况下，仍然销量惊人。以至于康师傅把百事可乐中国公司都给收购了。

　　原因无他，得终端者得天下。康师傅在中国直接掌控着一百多万个零售终端，拥有超过 70000 家直营零售店，超过 6000 家经销商，700 多个营业所。

　　百事可乐与可口可乐在中国市场的胜负，至少十几年前已经定下了。

　　那时，百事可乐的中国的策略是：品牌第一。而可口可乐的策略是：我已经是第一品牌，做好维护即可，要集中资源在供应链，在销售网络，在终端发力。

　　那时，仅就广告、定位等这些表面的东西来讲，百事可乐确实赢了。因为百事可乐定位更年轻化，使得它看上去更有赢在未来的希望，百事可乐的巨星系列广告也让可口可乐黯然失色。在中国，百事可乐成为年轻人最喜爱的品牌。

可口可乐则在终端建设上默默耕耘。那个时候，在西安等很多中心城市，可口可乐的终端业务员甚至是百事可乐的五倍。

可口可乐对终端的小店、餐厅等又送招牌，又送冰箱，同时还不惜成本地签订排他性协议。这个时候，可口可乐甚至把盈利都放在了第二位。

几年后，百事可乐醒悟过来，要抢终端的时候已经晚了。早在 2004 年，百事可乐如果想再控制一家普通的小店终端，就要花费 8000 元左右的成本。

百事可乐赢了品牌、赢了定位、赢了广告，却丢掉了终端，彻底失去了翻身的机会。可口可乐完成了终端布控，开始涨价，利润自然滚滚而来。

百事可乐后来为什么要向康师傅投怀送抱呢？因为康师傅终端强大啊！下嫁给康师傅，至少还可以用康师傅终端免费的冰柜。

反观加多宝，定位运用并不成功，但有渠道和终端优势，活得不是很好吗？

加多宝创始人陈鸿道手里有一个"昆仑山"商标，是定位专做高端矿泉水的。多年来，营销、运输成本居高不下，如果没有加多宝凉茶的终端优势，很难存活。

之所以经营惨淡，是因为其高端的定位与加多宝的终端销售网络存在一定的冲突。比如，昆仑山矿泉水在很多小店、小餐馆很难有目标消费者。而恒大集团的恒大冰泉，虽然被不断唱衰，但只要能建立精准强大的渠道，活得肯定不会比昆仑山差。

有一天，你突然发现市面上有售加多宝牌果汁、汽水、纯净水、啤酒、方便面、火腿肠、八宝粥时……请勿惊讶，指东打西，且行且修正，是商战中的惯用策略。

爆品的低成本测试

爆品的爆点，往往是摸索出来的。大多数增长团队，都采用了最小可行性测试（minimum viable test, MVT）的做法，也就是充分验证一个想法所需要的成本最低的试验。如果测试取得理想的效果，团队就会再进行一个更全面的后续试验，或者对于同一个概念采取更完善的执行方式。

A/B 测试也被称为 Split Testing，是比较两个样本 /方案 / 版本中哪个更好的测试方法。在 A/B 测试当中，设计师可以将用户分成两组，两组分别测试 A 和 B 两个不同的方案，并确定哪个方案可行性更高，效果更好。

互联网产品有一个特点，就是不停地迭代、升级。升级总是伴随着风险，新旧版本兼容的风险，用户因使用习惯突然改变而造成用户流失的风险等。

为了避免这些风险，很多产品都采用了灰度发布的策略。

灰度发布，又名金丝雀发布，过去矿工在采矿的时候，会先放一只金丝雀进矿井，以测试矿井里空气是否安全。

灰度发布，是黑与白之间，能够平滑过渡的一种发布方式。

在其上可以进行 A/B testing，即让一部分用户继续用产品特性 A，一部分用户开始用产品特性 B。

如果用户对 B 没有什么反对意见，那么逐步扩大范围，把所有用户都迁移到 B 上面来。灰度发布可以保证整体系统的稳定，在初始灰度的时候就可以发现、调整问题，以保证其影响度。

灰度期，即灰度发布开始到结束期间的这一段时间，称为灰度期。

QQ 的很多产品发布都采用灰度发布，有些是抽取部分 QQ 号段升级成新系统，然后根据用户反馈再大范围升级。

传统软件的发布阶段是从公司内部→外部小范围测试→外部大范围测试→正式发布，涉及的用户数也是逐步放量的过程。

在互联网产品的发布过程中也较多采用此种发布方式：产品的发布过程不是一蹴而就的，而是逐步扩大使用用户的范围，从公司内部用户→忠诚度较高的种子用户→

更大范围的活跃用户→所有用户。

　　在此过程中，产品团队根据用户的反馈及时完善产品相关功能。此种发布方式，按照中国特色的叫法被冠以"灰度发布""灰度放量""分流发布"。

04

第 4 章

被算法

统治的世界

这是一个日益被数据和算法统治的世界，互联网时代的爆品打造，绕不开算法这个维度。

用算法整合社交媒体资讯

在各种网络信息堵塞我们大脑的时代，很多人开始推崇极简主义生活方式，他们要从泛滥的信息海洋中抽身，把时间和精力花费在有用的内容上。

国内有一款名为"微读"的软件，用户可以在分类条目中选择要关注的微信公众号，还可以看到它的粉丝数量和排名，进而挑选出更具价值的账号。

美国的 Nuzzel 也是一款通过算法整合社交资讯的软件，帮助人们花费更少的时间获取更多的有用信息。

乔纳森·艾布拉姆斯是社交网站的鼻祖 Friendster 的创始人，他于 2012 年 9 月开发出了一款社交资讯阅读器 Nuzzel，这是一个社交整合软件，旨在帮助用户浏览好友在社交网站上已读过的新闻。它把用户关注的所有人的信息整合在一个列表里，在不错过重要信息的前提下，节约用户花费在社交网络上的时间。

软件的界面简洁直观，用户可以快速地浏览大量新闻，并能知道哪些朋友浏览了这些新闻，针对这些新闻发表了什么评论。

这些新闻的排序可以按照它们被好友分享次数的多少进行排列，也可以按照浏览新闻发生的时间线进行排列。用户还可以浏览其他用户的 Nuzzel 信息流，以选择关注不同的话题。

乔纳森·艾布拉姆斯解释道，Nuzzel 选择根据文章被分享的次数来做推荐，这种方式的优点在于每篇文章几乎都是被人工筛选过的，因为好友的分享行为往往发生在阅读完成之后，相比于机器算法，这种人工筛选更具备价值。

Nuzzel 还推出了"你可能感兴趣"栏目以增加用户选择，该栏目会显示用户好友的好友或关注对象的关注对象已阅读的新闻。也就是说，Nuzzel 还能展示用户朋友的朋友的社交动态，Nuzzel 也根据用户的朋友圈向用户建议关注一些二度、三度人脉，这让这款软件具有了更强的社交性。

经过一段时间的试运营之后，这种方式被证明是一种简单可靠的，依照用户兴趣展示内容的方式，且基本不需要做任何设置，这是它与其他新闻阅读应用的关键区别。

这种内容分发机制能体现出文章的真实价值，因为文章被阅读和分享的次数越多，文章的含金量也往往越高。由于用户好友范围和类别的不同，这种筛选机制使每个人所读到的推荐内容也不尽相同，这使私人定制成为可能。

"基于社交关系得到的文章就像一泓泉水，而取决于分享次数的排序原则就像一个天然的过滤器，只有没了杂质，甘甜泉水才能让我们喝得开心，更喝得放心。"艾布拉姆斯说。

乔纳森·艾布拉姆斯以一己之力开创了这个软件，上线仅仅两个月后，就获得多家公司共计170万美元的种子投资。获得投资后，乔纳森·艾布拉姆斯便开始招兵买马。至于 Nuzzel 的商业模式，艾布拉姆斯表示希望在软件提供的资讯中引入受赞助的内容。

算出你的影响力指数

在微博类社交媒体刚兴起的时候，很多人每天对着屏幕刷粉丝数，因为他们能从中获得存在感和价值感，而且高粉丝数也是一种颇为骄傲的谈资。但由于粉丝数的可操纵性强，容易作弊，所以，只能作为衡量个体影响力的无关紧要的指标，不具备说服力和可信度。

美国有一个名叫 Klout 的平台，旨在打造自媒体影响力指数。Klout 通过算法直接用分数来量化人们在社交网络上的影响力，更为简洁直观地把用户的差异体现出来，而且把评分影响引入现实生活。如此，人们不得不关注自身分数高低，因为谁也不想在朋友圈里被比拼下去的同时，在现实生活中也失去优惠特权。

Klout 建立于 2008 年，是美国一家衡量用户在推特、脸书、领英、维基百科等社交网络上影响力指数的创业公司。它是明星级的创业公司，目前员工不到百人，已经获得 4000 万美元的投资。

2012 年 10 月份的估值是 2 亿美元，并有超过 4000 家 API 合作伙伴。

其创始人乔·费尔南德斯（Joe Fernandez）相信，在社交媒体时代每个人都具有影响力，它主要是通过排名算法和语意分析对用户在社交网络上的活动进行分析，从而得出一个可以具体量化用户影响力的分数（分值区间为 0—100）。

影响分数高低的因素包括许多方面，如活跃粉丝数量、消息的转发率、内容的原创率、与粉丝互动频率等。

起初，有很多人认为 Klout 只是一个毫无意义的社交游戏，因为会有人通过在社交媒体上频发状态来赚取分数以获得存在感和影响力。但影响力的估算是一件非常复杂的事，所以，自成立以来 Klout 衡量影响力的标准一直在变。

2012 年，该公司推出全新的算法，最大的亮点是将用户在现实生活中的影响力也纳入考量范围，这意味着即便用户在社交网络中没有太多粉丝，只要在维基百科或者领英页面上的个人信息显示其在现实中是个很有影响力的人，那么 Klout 分数就会有相应的提高。

例如按照以前的算法，明星贾斯汀·比伯（Justin Bieber）拥有 100 分的高指数，是最具影响力的人，而政治家奥巴马只有 94 分。这就有违常识了。但在调整算法后比伯的分数降到 92 分，而奥巴马则升到了 99 分。

2012 年 9 月，微软必应搜索（Bing）与 Klout 合作，使搜索用户在获得更加准确的搜索结果和社交网络信息的同时，也能相应地使得 Klout 的社交影响力评分更加精确，从而提高评分的可信度。通过双方的整合，人们在使用必应搜索时能够看到相关人士的影响力评分。

比如搜索一个事件，当搜索结果中出现和该事件相关的人时，用户点击便可以看到相关人物的社交信息、影响力分数等。同时，搜索结果中的 Klout 也会和维基百科进行整合，让用户得到更多更准确的信息。

事实上，Klout 已经成为一个在线影响力分析工具，它的商业价值也日益凸显。很多商业机构可以根据其平台对客户价值进行评估，比如，那些更有影响力的人将可以免费使用机场的贵宾休息室，住更好的酒店客房，并从各大品牌活动中获得更高的折扣。

比如，Klout 曾与香港国泰航空公司达成合作：在旧金山国际机场的国际航站楼，任何 Klout 打分不低于 40 的用户现在都可以进入国泰航空专门的乘客休息室休息。而之前，该休息室通常仅限向国泰航空的头等舱和公务舱旅客开放。

据悉，企业软件巨头赛富时公司（Salesforce）已经引入相关服务：让客户公司可以根据投诉客户的 Klout 打分来灵活处理投诉。那些打分越高的客户的投诉事件将受到越快处理，而且公司的态度和服务也会更加周到。此外，奢侈品购物网站 Gilt Groupe 也开始根据顾客的 Klout 的打分为其提供不同的折扣。

但是，Klout 计算的只是用户在虚拟的社交网络的影响力，而并非他们实际的影响力。两者之间虽有一定联系，但并不等同。例如，有一部分用户实际在工作和生活中都很有影响力，但他们不怎么玩社交软件。实际上，在类如推特这样的平台上，一些有影响力的活跃用户往往是在 IT、媒体和娱乐等行业工作的人，而这部分人大多也是出于工作需要才成为活跃用户的。

更有甚者，现在很多公司已经将工作申请者的 Klout 评分作为评判因素之一。如有 15 年的行业工作经验的 Sam Fiorella 前去应聘多伦多一家媒体公司的 VP 职务，他在此之前曾为 AOL、Ford 等大型公司提供咨询，但因为面试官询问他的 Klout 分数时没有回答上来而落选。

后来，他查看了自己的 Klout 分数是 34 分，在接下来的六个月内他通过各种方式尝试提高自己的评分，最终获得了 72 分。随着 Klout 分数的增高，他收到越来越多的工作邀请。他不得不感叹："15 年的工作经验都比不上一个 Klout 分数。"

2012 年 1 月，Klout 在 C 轮融资中筹集了 3000 万美元。

2018 年 5 月，随着欧洲通用数据保护条例的生效，Lithium 宣布将关闭 Klout 作为一项独立服务。

Klout 虽然因某种外力因素倒闭了，但正如《纽约时报》的刊载的某篇文章所指出的那样，Klout 的人工智能影响力排名可以预测我们正在走向的未来。

类似于 Klout 的评分系统，可能对诸多行业都会产生深远影响。从企业的角度而言，为拥有较高 Klout 评分的用户提供优惠服务或政策符合企业利益最大化的考虑。因为在一定程度上，那些更有影响力的人往往在事业上更加成功，而这部分人往往是诸如航空、奢侈品等行业的重要客户。

所以，企业向这部分人示好可以更好地拉拢这部分客户，刺激他们再次消费。即便这些人没钱没权，但起码还有很多粉丝，这意味着在社交网络甚至现实生活中他们都扮演着"意见领袖"的角色。倘若企业得罪了这部分客户，他们的一个负面评论可能就会对公司品牌产生不可忽视的不良影响。

Klout 虽然没有成功，但它为如何评估一个人的社会影响力以及我们如何利用它铺平了道路。

算出你的最佳穿搭

尽管 B2C 电子商务的出现使人们不必出门逛街便可获得所需衣物，但用户还是需要在网页上进行对比和挑选，依然耗费许多时间和精力，而且还不知道实物是否合身。

Sitich Fix 的出现完全解决了女性购物的所有痛点，无须逛街、无须挑选、无须咨询客服，只需在家坐等符合自身风格的衣物到手，再任性地对"飞来美衣"进行取舍保留。

公司创始人兼首席执行官卡特蒂娜·莱克（Katrina Lake）表示："没有任何一家服务商，可以提供真正个性化的零售体验，而且价格还如此优惠，只有 Stitch Fix 做到了。"

通常情况下，喜欢时尚的女性基本上要完成的购物流程是：去店里挑选衣服，在试衣间试穿，排队结账，如果回家之后觉得不满意就再回店里，再次排队，办理退货。

虽然目前大多数的购物交易仍属于这一种。但这种传统体验已经不再能满足顾客需求——他们希望以较低的成本取得个人化体验，通过管理策划来降低复杂度，以及希望对购物感到满意。

成立于 2011 年的 Stitch Fix 是一家技术驱动的个人购物向导网站，通过提供低价的造型和搭配服务，帮助用户作出更适合自己的购物选择，恰好解决了传统购物体验的痛点。

该公司通过机器算法，可以根据用户行为、使用习惯来推测他们的穿衣风格，对每个用户的时尚造型进行调研，然后根据收到的信息反馈，帮助其在加州和得克萨斯州的 300 多位兼职时尚师开发出最适合用户的时尚服饰。他们会给订购用户寄送出装有五件时尚商品的礼盒，而且保证会得到用户的喜爱。

这堪称零售行业里的一块处女地，更是艺术和科学的结合。其实，该公司涉足的领域被称为订阅销售（Subscription Commerce），即根据用户需求量身打造富有个性化的产品和服务。

公司最初的用户定位在 25 岁左右的都市白领阶层，

因为他们工作非常繁忙，而且没有太多时间去购物，但是他们又非常喜欢时尚，希望能把自己打扮得漂漂亮亮的。

"我们可以专注在一件事上，然后为用户提供一个有趣和愉快的零售体验，为她们带来真正的个性化服务。"莱克说道。

该平台的运转流程非常简单便利：在试衣之前，用户要进行网站注册，大约花费 10 分钟左右回答个人风格问卷，提供尺码、身型、风格、购物预算和生活方式等信息。

信息填完之后，Stitch Fix 将根据用户的个人特点，自动挑选五件服装和配饰产品，在用户选择的时间打包发送，用户也可选择按月定时收货。平台会收取 20 美元的造型搭配费，当你最后决定购买推荐商品时，这 20 美元可用来抵扣货款。

接收到商品的用户，对衣物进行试穿和取舍，留下喜欢的衣服，不喜欢的在三天内退回，邮资由 Stitch Fix 负责。不过如果用户一件都没买，则需要自己支付 20 美元的退货邮资。

最后，用户才需要登录网站，为你留下的商品支付货款，如果你把 5 件衣服全部买下，就可获得额外 25% 的折扣。

目前，制约公司发展的最大因素是昂贵的派件费用，他们还要面对亚马逊的竞争，因为亚马逊提供层次分明的定价服务，如果用户的消费金额超过 25 美元，亚马逊将提供免费送货。因而，向没有购买衣物的用户收取 20 美元邮寄费用，是公司减少物流费用的措施之一。

当用户退回衣物后，系统也会详细记录被退回的衣物款式和风格，减少这些衣物向其他用户派送的概率，避免遭到更多退货。毕竟个人风格定制和造型设计从来都不是便宜的服务。

顶尖造型师瑞秋·佐伊（Rachel Zoe）的一笔单子要价高达 10000 美元，并且还有价无市。该公司却能够提供相似的服务，同时将价格控制在大众接受的范围内。

它提供的衣服平均售价为 65 美元一件，符合大多数女性冲动购物的心理价位区间，对爱美但又囊中羞涩的女性而言是一种绝佳选择。

2013 年 2 月，公司完成 475 万美元的 A 轮融资，当时用户数只有 1 万多。几个月后，用户增加了 5 倍，公司雇员也从最早的 50 人增加到近 200 人。

莱克表示，公司目前正在健康有序地成长，女人们的分享天性让她们在使用该服务后，迫不及待地向朋友们推荐，这是也用户数快速增长的原因之一。

此外，一些时尚博客的推荐也为其带来不少用户。在 2013 年 10 月，公司完成 1675 万美元 B 轮融资，领投者是 Benchmark Capital 公司，他们相信 Stitch Fix 会满足众多都市女性的时尚需求。

当时莱克透露，公司 2012 年的销量达到几百万件，在 2013 年预计将增加 10 倍，拿到的 B 轮融资将用于增加用户和改善运营。

卡特蒂娜·莱克本科毕业于斯坦福大学，曾在 Leader Venture 工作。在 2009 年申请哈佛商学院的论文里，她就描述了这个创业方案，进入哈佛后她一边读书一边准备创业，毕业前一个月，该平台的第一箱推荐商品正式送出。

毕业后，她来到旧金山设立了自己的公司。莱克本人在斯坦福大学累积了深厚的回归分析和计量经济知识，同时具备广博的零售知识，因而才能成功地引导这家个人化时尚公司进行大规模定制化服务。

她认为，某个人是否喜欢某件服饰，应该会有一些客观因素、一些非客观因素。而她就用以下方法，将所有因素整合成一个极为创新、由科技推动的个人化生态系统。

首先，透过有意义的管理策划来降低复杂度。在搜集用户信息的基础上，通过演算法先行提出建议供造型师参考，造型师再通过自己的个人经验和知识，为顾客管理、安排这些建议，最后精简成每批送的货只有五件服饰。而随着顾客每次购买、回答问题以及和造型师沟通，之后送来的服饰也会越来越符合顾客需求。

其次，结合演算法与人的判断。通过运用科技、数据科学，再搭配经验丰富的造型师加入人的感受，就能扩大"定制化"的规模。该公司销售的所有商品都是根据多样来源的信息所提出的建议，资讯来源包括顾客调查、天气模式，或是顾客个人和造型师的沟通。

　　莱克认为，公司的这套模式之所以能成功，主要归功于从这些资讯中得到的演算法，以及演算法背后的资料科学家。首席分析师艾瑞克·科尔森说："我们做的不是销售，而是找出关联性。"换句话说，要先让顾客从 Stitch Fix 得到价值，Stitch Fix 才能从顾客那里得到价值。

　　再者，注意未成交的交易。如果顾客没有购买公司为他们精心挑选的任何一件服饰，Stitch Fix 会想要知道原因。通过调查，或者是从顾客特别留给造型师的意见，来了解顾客为何不买。

　　他们提供的不只是个人喜好之类的资讯，而是像是瘦身的过程、怀孕的月份等全然坦诚的信息。莱克说，顾客愿意提供这些资料和其他资料，我们就有责任好好运用，让下一次的 fix 更符合需求。

　　最后，建立完整的生态系统。除了服务顾客，公司还要进一步改变商业模式，照顾另一个没有获得足够关注的客户群：造型师。莱克发现，许多造型师都希望工作时间更有弹性，也希望能远程上班。于是莱克创造出这样的环境，以此获得更多后备选择，从中找出最佳造型师。

对很多兼职或专业的造型师而言，该公司为他们提供了进入职场的机会。莱克以其他公司做不到的方式来满足造型师的需求，因此得以创造出更完整的生态系统，有助于公司永续成长。

公司已经延揽奈飞（Netflix）数据科学与工程部门前任副总裁埃里克·科尔森（Eric Colson）和沃尔玛网站前任首席执行官迈克·史密斯（Mike Smith），来分别负责公司的数据分析和运作，还有基准资本风投公司（Benchmark Capital）的著名风险投资家比尔·格利（Bill Gurley）、盖璞北美区前总裁和沃尔玛网站首席执行官等重量级人物出任董事会成员。

如今，每月卖出90%库存的销量让莱克明确地知道——没有时间打扮自己的女人非常多。的确，不管是家庭主妇还是在职场上的女性高管，都对这项服务给了好评，可见公司发展形势一片大好。

算出你需要的美妆用品

与 Stitch Fix 类似模式的还有主打美容产品推荐购物

的 Birchbox，它们共同的特点是给女性消费者带来收到未知礼物的惊喜感，增强购物的趣味性。推荐商品反映了用户的个人趣味，无论是真的由专业造型师挑选还是通过算法实现。

化妆品一直在女性消费品排行榜中稳居首位，是除服装之外女性追求美的另一种体现。但购买化妆品不像购买服装那样简单，消费者要考虑到品牌、价位、肤质等各种因素，而且其效果不像试穿衣服那样立竿见影，以致很多女性都不知如何挑选适合自己的品类。

Stitch Fix 和 Birchbox 开辟了一种"订阅销售"的模式，在它出现之前，女性从未在家体验过像逛百货商店的专柜一样体验新品的乐趣。Birchbox 的出现再次为爱美女性送去福音，它让化妆品试用变成一种不必操之过急的体验。

美妆盒子 Birchbox 化妆品初创公司成立于 2010 年 7 月，总部位于美国纽约，是一家在线美妆品牌。其创始人是哈佛商学院的毕业生凯塔·杜尚普（Katia Beauchamp）和海利·巴纳（Haley Barna）。

公司主要通过会员订阅方式提供服务，网站会员只需每月支付 10 美元或者每年支付 110 美元，就会定期收到来自平台的打包产品，里面包含经过个性化筛选的化妆品和美容产品的样品，还有如何使用化妆品等实用信息。

每个会员每个月至少会收到 4 个化妆品样品，从 80 多个高端零售商处送到家里。如果会员对样品满意，想购买对应的产品，她们可以在公司网站上购买，这样就会获得折扣积分（邀请新成员也会获得积分）。它的另一个独到之处在于，可以向用户提供个性化定制服务。

如果用户对某一品牌或产品感兴趣，可以在网站设置针对性订阅。每个用户都会填写一份美容问卷调查，并创建个人资料。如此一来，用户每月收到的一套样品是根据个人喜好和个人资料定制的。

网站上超过 800 个的品牌主要分为两种：一种是优质的小众品牌，一种是顶级的化妆品牌。由于缺少资金和渠道，而无法和用户对接的小品牌，更愿意与其合作。

但一些顶级的化妆品品牌如科颜氏（Kiehl's）、贝玲妃（Benefit）等也发现了机会，与该公司合作推广它们的新产品。公司表示，大约有 50% 的会员用户在试用后会购买全价正品，其收入的 35% 来自全价正品的销售。

该网站的理念就是帮助消费者发现新的品牌和产品，提供实惠的价格，同时也促进销售。最初，该平台只服务女性用户，女性会员数在 2013 年达到 80 万。

2012 年以后，公司把目标人群范围扩展至男性，这些用户每月付费 20 美元就会收到像高端剃须啫喱、除臭剂、耳机等品牌生活用品。同时公司的地域也扩张到了欧洲。

创始人兼首席执行官凯塔·杜尚普表示，从女性扩张到男性并不是自然的延伸，开始时他们也没有想到男性会是市场拓展的下一个垂直领域。但是 2011 年秋天，公司以 45 美元的价格针对男性用户做了一些限量测试，结果这让他们在邮件列表中积累了成千上万的潜在用户，所以觉得做男性用户似乎也是可行的。

"男性市场总体来看是个更小的市场，但现在它也正经历着快速增长。"杜尚普说，"用户喜欢发现新产品和新品牌，男女用户都一样。每个 Birchbox 都是一个惊喜，很有可能会给用户带去非常有趣的东西。"

2010 年 10 月，公司获得了 Accel Partners 和 First Round 领投的 140 万美元种子轮融资。2011 年 8 月，又获得 Accel Partners 领投的 1050 万美元的 A 轮融资。

2014 年 4 月，由维京全球投资公司成为领投，启动了 6000 万美元的 B 轮融资。

杜尚普说，公司旨在使女性朋友购买化妆品的过程变得更轻松，同时也帮助品牌将产品送到消费者手中，新筹集的资金将用于进一步的产品开发和职员聘请。

2014 年 7 月份，公司在纽约曼哈顿苏荷（Soho）商业区成立第一家实体店，这是作为纯互联网公司的 BirchBox 首次尝试线下门店，开始试水 O2O 模式。化妆品类的产品有线下的门店更能让消费者信任，线下门店也可以提升线上网站的知名度。

2015 年 6 月，公司和盖璞（Gap）合作，在旧金山、芝加哥、洛杉矶、休斯敦、纽约的七家盖璞旗舰店内开设临时专柜。2015 年 7 月，公司宣布到 2016 年将再拓展两家线下门店。新加入的门店将和原有的两家门店一起用于评测消费者需求和新城市的销售预期。

目前有三个候选城市，消费者需要输入邮编，然后对地点进行投票。8 月 7 日到 29 日，公司开启一段 Birchbox 之旅，客户可以在集装箱做成的迷你商店中购买原装正品的美妆，还可以参加与之相呼应的免费美容服务活动。

活动结束后，公司会基于销售量、到店人数以及用户反馈来最终确定两个新店选址。该公司现有 80 万活跃在线会员，其敏锐的洞察力和积极的反馈造就了人人满意的营销策略，他们将个性化、技术支持以及不断试验的特点运用在实体店上。

实体店拥有来自 250 个品牌的超 2000 件商品，价位从 5 美元—200 美元不等。内部采用垂直营销，不再根据品牌划分，而是按功能进行划分，同时允许客户自配化妆礼盒，极大地满足了消费者的各种需求。

此外，公司还会运用各种办法提高用户对小众品牌的认知，比如在店中设立一个订阅墙，用户可以一次预定三个月的礼盒服务，并在店中就可带走自己的第一份礼盒。

"我们仍然觉得自己刚刚起步，但这个时刻却是一个转折点，在我们看来，这个行业充满了竞争力，也很有动力，十分令人兴奋。"凯塔·杜尚普说。

然而，购买 10 美元的美妆盒子要获得利润是很难的，在美国，10 美元只能勉强覆盖运费和包装盒的成本。

美妆盒子的目标是让顾客在 Birchbox 网站或商店购买全尺寸的产品，然而，问题在于，没有一种机制可以让客户直接从 Birchbox 购买他们看中的产品，因为他们可以很容易地从丝芙兰与 Ulta 这种平价的化妆品连锁店买到。

这些巨头，反击的力度也是非常大的，丝芙兰还模仿美妆盒子，提供了一个每月 10 美元的名为 Play 的样品盒。

所以，美妆盒子还需要寻找新的突破点，否则将会受到同业巨头的围堵。2017 年，随着来自维京公司的1500 万美元的资金注入，美妆盒子又迎来了一个新的发展契机。

算出你该吃什么零食

NatureBox 是一个为客户配送健康零食的创业项目。前文讲述的两家初创公司实现了服装和化妆品的订阅营销，而且消费者可以试穿或使用之后决定是否购买。如果连零食也能按月订购的话还真是让人倍感稀奇，因为人们并不能把吃过的食物再退回去。

但创业公司 NatureBox 做了这个大胆尝试，他们有信心为客户送去满意的零食，保证绿色健康、品类繁多、花样百出，让客户们大快朵颐的同时还能收获许多乐趣。

NatureBox 创立于 2011 年，由乔达摩·吉普塔（Gautam Gupta）和肯尼斯·陈（Kenneth Chen）联合创办，其官方网站在 2012 年 1 月正式上线。

这是一家为用户提供健康零食按月订购服务的公司，用户只需每月支付一定金额就能收到一个装满零食的盒子，而里面的零食都是经过营养学家认证的健康食品。

在美国，想在一个合理的价格区间寻找罕见而又好吃的零食，消费者往往选择去社区食品商店 Trader Joe 寻找，但并不是每个角落都存在这样的分店。

因此，NatureBox 就是要打造一个线上的 Trader Joe，他们主要代理销售营养学家所认证的健康食品，并以订阅盒子的方式寄给顾客。

NatureBox 每个月都会根据季节和健康均衡挑选 5 种不同的零食，并把它们装到可回收的点心盒子里面，消费者只需到他们的网站支付 19.95 美元，就可等待零食到家了。他们的目的很简单，为顾客提供当地杂货店无法购买到的，好吃而又健康的零食，并提供一个健康的饮食方案。

该公司还尝试与本地农户和食品供应商合作，以获取更好的材料来源。联合创始人兼首席执行官乔达摩·吉普塔指出，现代人吃零食的花费是 30 年前的三倍以上，普通零食容易让人们变得更加肥胖，健康零食则能在一定程度上避免肥胖症的发生，并且它在市场上蕴含着高达 640 亿美元的商机。

2012 年 12 月，该公司获得一些天使投资者价值 200 万美元的投资。创始人表示，他们将会利用这笔资金扩大客户基础和发展健康食品品牌。

2013 年 7 月，公司宣布已获得软银资本（Softbank Capital）领投的 850 万美元 A 轮投资。这笔资金将被用来扩大其工程师队伍，继续研发新产品来提高客户满意度，改善用于数据分析的基础设施来增加客户认购。

同时还宣布，前沃尔玛网站的运营副总裁米纳什·沙阿将任公司运营副总裁，男装电商 Bonobos 公司前高级技术总监戴夫·李将担任其技术副总。

2014 年 4 月，公司宣布已获由 Canaan Partners 领投的 1800 万美元 B 轮投资，原有投资者包括 General Catalyst 和软银资本也参与到了这轮投资中，这使得该公司已获 2800 万美元的总投资。

在该轮融资过后，来自康佳集团的合伙人沃伦·李将会加入公司董事会。与直接从第三方渠道进货的竞争对手不同，公司决定打造自己的品牌。"我们希望能真正打造独一无二的客户经验，通过创造我们自己的产品，真正为客户提供他们会喜欢而且别的地方没有的零食。"吉普塔说。

他们直接与种植户和独立食品生产商进行合作，不仅

　　为用户提供健康零食，还能进行智能匹配推荐，使这些推荐零食符合他们的健康饮食要求。到目前为止，他们已经在控制食品科学和不健康添加剂方面有所建树。2012年，该公司推出60种产品，出货量为5万盒。

　　2013年，公司增加超过100个的独特产品，年出货量实现20倍的增长，最终超过100万盒。在2014年，公司开发出120多种小吃，已经可以装载100万个集装箱，实现年300万盒的出货目标。

　　乔达摩·吉普塔透露，其产品开发生命周期平均为3个月。公司一半的订购用户集中在美国中西部地区，在那里有丰富的有机市场，而且有机商品（Whole Foods）超市也不多，竞争并不激烈。

　　吉普塔透露，公司顾客的月增长率在50%—100%之间，每月流量超过25万。公司计划扩大工程师队伍，就是为了提高网站的数据分析能力，并通过算法给用户匹配合适的产品。

　　每个品牌都面临一个重要的挑战——确保零售的货架空间，这是产品面市成败的关键。该公司提供健康零食的在线预订服务，其采用的直销、数据分析和渐进开发的模式，能使其产品比现有产品更快、更便宜地进入市场。这种订购模式还能使公司能够预测产量，有助于减少库存。

"我们认为，与其花好几个月的时间到零售连锁店推销，并且还要受制于销售我们产品的零售商，不如通过直销的方式来掌握自己的命运并缩短面市的时间。"吉普塔说，"当我们建立起与消费者的关系，将来我们就可以卖给他们更多的产品，并以较少的资本创造一个较大的业务，因为我们建立了这种分销渠道和满足需求的方式。"

现在，除了 19.95 美元的组合选项，用户还可以在 30 美元 10 包零食和 50 美元 20 包零食这两个选项中进行选择。目前，公司有超过 130 种不同的健康零食，现有产品也在持续更新。

同时，它还推出更具体的定制方案选项，如素食或无谷胶食品。用户能将自己想吃的食品加入愿望清单，工作人员会将之加入寄送箱子里。NatureBox 正在积极扩大其产品线，每月可新增 5—10 个新品。通过与内部和外部团队合作以开发理念和配方，并与独立种植者和制造商合作达到目标。

"快速消费品（CPG）公司与消费者通过数字渠道直接交流，建立直接面向消费者的直销流程，这将成为创造新增长最好的优势。"

普华永道国际会计师事务所（PwC）的美国领导人史蒂芬·巴尔（Steven Barr）说，"52% 的美国消费者已直接在线购买他们信任的品牌，这一数据证明快速消费品公司现在有更大的机会随时与他们的购物者并肩前行，推动现有产品和新产品的销售。"

NatureBox 正为快速消费品行业带去一些非常必要的创新，它已具备了一个光明前途所需的一切要素，"食品＋科技"的结合肯定会在公司的成长过程中贯彻到底。

在几乎所有商品都批量化生产的今天，纯手工定制成为一种轻奢趋势。市场细分使大规模市场转化成无数的利基市场，在这个市场中，商家只需满足少数人的个性化需求，即可立足。

Zady 瞄准"千禧一代"（是指出生于 20 世纪时未成年，在跨入 21 世纪以后达到成年年龄的一代人）的购物风格，坚持自身品牌定位，开放原料采购流程、倡导主流价值理念，把生产、生活和时尚完美结合起来，从而更好地满足一小部分稳固的消费群体。

线下地推也讲究数据分析

"地推"是地面推广的简称，是区别于纯线上获客的方式，在线下目标人群集中的地方通过面对面宣传，如口头告知、路演、发传单、做活动、联合营销等方式进行推广获取用户。

最常见的案例就是网络支付公司，到很多公司楼下做活动，只要办卡就送礼品，进而获得的都是有支付能力的精准用户。相对于线上获客，地推需要一对一地进行沟通，效率相对来说比较低。

但是，在互联网时代只要有好的产品，哪怕最初接触的只是一小部分人，也很快能在线上传播开来。因此，线下地推只是一种接触用户的手段，通过地推将用户吸引到线上，打造爆款刺激用户主动传播，从而提升整体获客的效率。

还有的地推是在线下制造吸引眼球的事件，然后在线上进行广泛传播和放大，以此来获客。

做好地推获客需要重点关注以下几个方面：

1. 找到精准的目标人群。

2. 打造有吸引力的爆款。

3. 宣传语 / 传单设计简单，用户利益点明确。

4. 线上线下联动。

"回家吃饭"的创始团队来自阿里巴巴当年的"中供铁军"，有着丰富的地推经验。最开始，他们把家厨端目标锁定在已退休、赋闲在家的大爷大妈这个群体身上。因为他们有大把的空闲时间，并且具备丰富的生活阅历，能做出来自他们家乡的美味，也比较符合"回家吃饭"倡导的"家乡的味道"的定位。

于是，他们把重点放在大爷大妈们身上，通过地推发放传单的方式，获取了第一波家庭厨房。随着时间的推移，他们分析发现，通过地推方式挖掘的家庭厨房留存率非常低，次周留存率只有百分之十几，而且获客成本非常高。一个家庭厨房的获客成本达到了两三千元，烧钱超过五千万元人民币。

后来经过内部开会讨论，分析当前家庭厨房的获取存在两个问题：

1. 目标群体定位有误。

大爷大妈们虽然时间充裕，但是他们对互联网的认知和理解能力有限，需要花大量的时间和精力对他们进行培训。

2. 推广手段纯靠地推，效率太低。

他们重新分析了目标群体，然后，他们把目标锁定在了年轻的家庭主妇、追求自由职业和热爱美食分享的年轻达人群体身上。年轻人接受新事物能力更强，对互联网认知程度高，培训成本低，极大地加快了入驻上线的速度。他们热衷于分享美食，在互联网上聚集，很容易形成线上的口碑传播。

后来"回家吃饭"精简了线下地推团队，并将主要的获客方式转移到线上，目标群体也以年轻人为主，极大地提高了家庭厨房拉新效率，获客的成本降低到单个家厨只有几十元。

从"回家吃饭"这个例子中我们可以看到，在拉新开始之前一定要对目标用户有清晰的人群定位，不同的用户群体会有显著的差异，需要采取不同的刺激手段和沟通策略。一旦发现方向有误，需要及时调整。

这种策略，正在成为一种越来越通行的做法。

内容电商平台小红书也开发了一套内容推荐算法，一个用户来到这个平台上就会阅读一些经验文章，然后就会产生一些点赞或者收藏的动作。小红书这个平台就会根据用户的这些动作来获取读者的信息，对于他们点赞的、感兴趣的内容，就会增加推荐量。

对他们不感兴趣的，就会减少推荐量，经过多次的磨合，平台就能够几乎完全掌握读者的喜好和兴趣，从而更加精准地去推荐一些内容，这样才能够提高成交的可能性。

这种智能推荐的算法机制与今日头条、大鱼号、百家号这些内容平台差不多，都是根据读者的兴趣爱好去推荐他们喜欢看的文章，然后在文章中接入广告。只不过小红书是一些直白的商品广告，而那些自媒体平台，他们是把广告放在了文章最末端，其目的都是变现，都是实现盈利。因为做企业的最终目的就是要赚钱，这是他们的使命，也是他们最应该实现的目的。

05

第 5 章
各个击破的
点杀策略

在传统工业时代，公司在竞争中很难靠一个单点制胜；但是在互联网时代，讲究的就是单点突破、各个击破、以点带面。

"阅后即焚"的点杀策略

Snapchat（国内翻译为"阅后即焚"）的创始人是一个 90 后，叫埃文·斯皮格尔（Evan Spiegel），是让马化腾最紧张的一个年轻创业者。

2011 年 9 月，Snapchat 在斯皮格尔父亲的卧室中正式上线。Snapchat 最早是在斯坦福大学产品设计的一个班级作业中提出的项目，2011 年 4 月由埃文·斯皮格尔在产品设计课上介绍了其最终方案的创意。利用该应用程序，用户可以拍照、录制视频、添加文字和图画，并将他们发送到自己在该应用上的好友列表。

其最主要的功能是所有照片都有一个 1—10 秒的生命期，用户拍完照片发送给好友后，这些照片会根据用户预先设定的时间按时自动销毁。

斯皮格尔创办的公司市值已经超过 100 亿美元，他的个人的资产也达到 15 亿美元，他成为世界上最年轻的亿万富翁时，才 23 岁。

Snapchat 是一个图片沟通工具，它可以说是把一个单点做到极致的产品，一个绝杀"庞然大物"的杀手级应用。给朋友发张照片，对方看完后几秒钟就会自动销毁，而且对方看照片时，还需用手指按着照片，这样设置目的是为了防止截屏。如果被截屏了，Snapchat 还会发消息提醒照片的发送者。

斯皮格尔靠着这款产品点杀，迅速成为社交领域的新秀。Snapchat 的"阅后即焚"这个单点功能竟然能价值

100 亿美元。

　　腾讯公司的创始人马化腾是最早看上 Snapchat 的人，想投资，被拒绝。腾讯公司曾经开出一份价值 30 亿—40 亿美元的收购要约，遭到斯皮格尔的无情拒绝。随后，Facebook 创始人扎克伯格提出价值 35 亿美元的全现金收购要约，同样遭拒。但是，斯皮格尔拿着扎克伯格的收购要约去找到谷歌，谷歌同样也开出了价值 40 亿美元的收购方案。最终，斯皮格尔选择继续等待。

　　扎克伯格为了达到目的，曾亲自飞往洛杉矶同斯皮格尔会面，并现场演示了 Facebook 的新产品 Poke——同样可以销毁所分享照片的移动应用，以此表明收购的强硬态度。

　　但是，这场战役在 Poke 上线 3 天后就决出胜负——Snapchat 稳居苹果手机应用商店下载榜的首位，而 Poke 则跌出前 30 名。

　　腾讯 QQ、Facebook 和 Twitter 都推出了类似于"阅后即焚"的功能，但是都并没有真正冲击到 Snapchat。为什么？因为斯皮格尔在"阅后即焚"这个点上做到了极致。

此外，它的成功还得益于两大因素。一是 Snapchat
天生就带有极强的真实性。它鼓励用户拍摄实时照片和视
频，然后在不使用滤镜的情况下直接发布出来；二是从一
开始就重视移动平台。此外，Snapchat 还推出了一个支付
功能，这个功能可以让私密社交衍生出一些私密的交易。

在 Snapchat 上做广告，大约需要 70 万美元一天。一
个广告，打开后 10 秒就消失了，还会有人买吗？有，而
且还不少。这是因为 Snapchat 的月活跃用户已经突破了
1 亿人。Snapchat 还推出一个新闻内容聚合门户，并在新
闻中植入移动广告。这样，该公司有望每年获得超过 5000
万美元的广告收入。

此外，改版后的 Snapchat 还推出一种付费观看已经
消失的内容的功能。用户只要支付 0.99 美元，就能够观看
3 个已经被"焚掉"的好友的照片或视频等。此次改版新
增加的付费重放功能，将带来另外一个非广告收入。

埃文·斯皮格尔在谈到营收模式时表示，未来将会开
发出一些很酷的功能，让用户付费使用。比如 Snapchat

尝试将 AR\VR 技术融入私密聊天，这将是未来的一个决胜战场。

排除在线销售眼镜的障碍点

实体店与网店相比，最大的一个优势在于，可以让消费者试用产品以获得直接体验，从而决定自身的购买行为。然而，随着 O2O 模式的普及，越来越多的线上商家开始提供线下服务，并设立实体售卖点分占市场份额。

Warby Parker 作为一个在线销售眼镜的网站，关键意义在于打破行业垄断，让消费者拥有第二种选择。

Warby Parker 是 2011 年成立的一家在线销售眼镜的网站，由创始人尼奥·布鲁门撒尔（Neil Blumenthal）和他的三个沃顿商学院的同学安德鲁·汉特（Andrew Hunt）、杰弗瑞·瑞德（Jeffrey Raider）和戴夫·吉尔博阿（David Gilboa）共同创立。

在联合创办该公司之前，布鲁门撒尔曾在为发展中国家普及眼镜的非营利机构 VisionSpring 工作，这一工作不仅使他对眼镜市场的寡头垄断有深入了解，也让他明白一副眼镜对近视患者的重要性。

"它帮我意识到了简单的一副眼镜就能改变某个人的生活。"布鲁门撒尔说，但这份工作还让他看到了眼镜市场中不正常的一面，"眼镜成本价和售价的差距相当大。"

一直以来，美国眼镜行业都是由陆逊梯卡（Luxottica）集团所统治。在 2012 年时，这家总部设在意大利米兰的公司，就有超过 7000 个的零售店面，在北美拥有 LensCrafters、Pearle Vision 和 Sunglass Hut 等大型眼镜连锁店，同时在亚洲和欧洲等地都有自己的零售店铺。

2011 年，美国的大部分眼镜还是通过这些线下连锁店销售，仅 1% 的眼镜是通过网络进行销售的，配一副最普通的眼镜也要 300 美元，稍微好点的更是要 600 美元以上。

这个行业需要突破，但陆逊梯卡太过强大。沃顿商学院零售中心的主管芭芭拉·科恩（Barbara Kahn）说："去和一个如此强大的敌人对抗，将需要难以置信的创造力和才华。Warby Parker 团队具备这样的创造力和才华，在挖掘时尚文化的过程中，他们还有点石成金的能力。他们有故事，一个真正的故事。"

从网站的起源就能看出这个公司与众不同。其官方主页显示，该公司最初的构想是：具有反叛精神，和四个好朋友合作，对抗当下那些高定价、低品位的眼镜公司。绕过传统销售渠道，直接通过网站与客户打交道，有能力提供高质量、时尚且低价的眼镜。

这也正是它迅速蹿红的原因——打破了美国传统眼镜行业的长期垄断，大幅降低了眼镜价格，而且提供了独具一格的消费体验。与传统垄断行业竞争，一个最大的挑战就是如何成功塑造自己的品牌。

传统品牌在衡量自身竞争力时一般会考虑三个要素：价格优势、产品区别和垂直市场。Warby Parker 在这三方面都做得非常出色。

首先，该公司用单付镜架 95 美金的相对低的价格吸引顾客，同时提供在家试戴（Home try-on）服务，即消费者可以在线选 5 付镜架，家中试戴后，在线下单购买并快递还回试戴的 5 付镜架。

其次，它的眼镜质量精良，外观时尚，都是源于设计师的设计。谷歌还曾选择它来为 Google Glass 设计造型。

再者，它还有虚拟试戴功能，消费者可以选择自己的一张照片，或者选择网站提供的人像模型进行眼镜的试戴，就可直观地感受戴上这副眼镜的效果。

泰敏公司（Temin & Company）的首席执行官维亚·泰敏（Davia Temin）指出，在家试戴将能让顾客对品牌更忠诚。她说："这个计划的高明之处在于，他们并没有说：'你相信我，然后我再相信你。'而表达出了另一个想法：'我相信你，而你也可以相信我。'"

芭芭拉·科恩说道："很多人不知道该如何挑选眼镜。当你走进眼镜店，上千种眼镜摆在你面前，你却不知道哪种适合你。售货员帮助你将挑选范围缩小到 5 副，你还不知如何是好。Warby Parker 就想出了有效解决问题的方法——让你将这 5 副眼镜试戴五天，你可以戴上眼镜照照镜子，或者给你的朋友看看，甚至是上传到 Facebook 来征求人们的建议。"

他们有很多种不同风格的眼镜，但都有相同的特性：简单的镜框加上稍宽的边撑，再加上灰、透明、蓝、酒红等颜色，这些眼镜的名字都是偏学院风的，像是乡村俱乐部的名字，如 Chandler、Winston 和 Beckett。

他们还用比较幽默的方式描述自己的商品，像 Linwood 这款镜框的描述就是：简约，而并不简单。这副眼镜时尚而又圆润的造型，是湖边阅读、参加会议的明智选择。

正是因为上述因素，公司成立第一年就卖出近 10 万副眼镜，平均每天卖出约 280 副，这个数字对于传统的眼镜门店来说，是一个难以置信的销量。

除此之外，为了打造品牌，他们还进行了一场慈善营销，表示希望为全球大约 10 亿面临视力问题的人口做点贡献，保证消费者只要买一副眼镜，他们就捐一副眼镜给公司首席执行官兼创始人布鲁门撒尔曾就职过的慈善机构 VisionSpring。

这家慈善机构培训低收入人群进行眼科测试，同时销售价格极为低廉的眼镜产品。截至目前，他们已经捐赠出了 100 万副眼镜。布鲁门撒尔表示，当初创立这家公司的时候，他们都非常担心它的前景，所以发展到今天这个程度，已经超出他们想象。

但是随着销量的不断增加，创始人们很快就意识到 Home try-on 概念的短板。因为他们发现，越是设计独特的镜架被试戴的概率就越高，但是购买率却很低，往往是设计普通的基础款更畅销一些。

如此一来，为了满足顾客的试戴需求，那些卖不出去的镜架也要不断加量。而这些镜架全部产自中国，采用板材（醋酸纤维脂）制造，储存 1 年以上就会缩水变形，从而导致品相难看，更加无法佩戴。为解决这一问题，这家做电商起步的公司采用从线上到线下的销售模式，即开设线下实体店。

2013 年 4 月，公司的第一个线下体验店也是首个官方旗舰店，开到了纽约 Soho 商业区附近，就在苹果商店的对面，紧挨着陆逊梯卡旗下的奢侈品牌拉尔夫·劳伦。

在开业三个星期中，有 4000 多人进店体验，周六甚至还会有人在门口排队。布鲁门撒尔说，该店铺代表着整个未来零售业的未知领域，"这是电商的线下集中地，消费者还能亲自体验产品。未来 5—6 年，电商概念将过时。"

该公司的融资可谓相当顺利，在刚成立不久就拿到来自 SV Angle 和 Lerer Ventures 的 150 万美元种子基金，还有 1200 万美元的 A 轮融资。

2013 年 2 月，该公司顺利完成总计 4150 万美元的 B 轮融资。事实上，2012 年 9 月，Warby Parker 就已经完成了这轮融资的前 3680 万美元，当时它的目标是融资 4000 万美元，但随着美国运通和服装品牌 J.Crew 的加入，它超额完成了任务。

2013 年 12 月，完成由 Tiger Global Management 公司领投的 6000 万美金的 C 轮融资，估值 5 亿美元。

在 2015 年 4 月，公司完成由 T.Rowe Price1 领投的 1 亿美元的 D 轮融资，估值达到 12 亿美元，成功跻身 10 亿美元私营技术公司行列。

尽管联合创始人戴夫·吉尔博阿表示公司尚未盈利，但是营收一直在增长。除了在线商店之外，公司总共拥有和经营着 12 家实体店，分布在 9 个城市。

现在，消费者需要将自己的视力情况告知 Warby

Parker，并且选好镜架，它才能为消费者定制眼镜。据吉尔博阿称，公司正在研究一些新的技术，让消费者能够利用他们的手机来进行视力检测。

做一家优步一样的家政平台

不想自己动手做家务的懒人可以请保姆或者清洁工，但是连请人都嫌麻烦的懒汉就只能借助 Handybook。随着互联网平台的增多，人们可以在线打车、在线订餐、在线租房，如今通过 Handybook 还能在线请人提供上门服务，这真是一个动手按键就能满足愿望的时代。

"家政服务领域的优步"是 Handybook 标榜的口号。与优步相同，Handybook 也在通过互联网将现实生活中支离破碎的服务聚合到一起，以满足时下人们日益增长的旺盛需求。

不过，它的目标群体是那些没空打扫房间的忙人和懒汉，依照其需求提供定制化的家政服务。

这家位于纽约的家政服务公司成立于 2012 年，由奥辛·汉拉罕（Oisin Hanrahan）、尤曼·迪尤尔（Umang

Dua）、伊格纳西奥·莱昂纳特（Ignacio Leonhardt）以及维纳（Weina）四人联合创办。

该公司主要提供家政清洁、水管维修、家具与电器装配、房屋粉刷以及货物搬运等服务，服务范围涵盖了美国26个城市，其中包括芝加哥、纽约、洛杉矶等，并已将业务拓展至加拿大的多伦多。

两年前，当公司创始人兼首席执行官汉拉罕还在伦敦的时候，他就已经注意到类似优步和Hailo的服务，当时他一直在想如何将这种模式转嫁到其他领域。在搬到波士顿居住后，汉拉罕找准家政服务和手工活这一空白领域，于是Handybook应运而生。

通过Handybook手机客户端或网站的在线服务，用户可以预订保洁员和清洁工，最快第二天便会有相关人员上门服务。通过该平台提供服务的人，主要来自原来周边零散的家政服务从业机构。

但在录用前，公司会雇用第三方机构BeenVerified对所有申请者进行全国性背景审查、一对一的服务水平评估，以及翔实的身份验证（包括身份证号、邮箱、电话、住址等），并且服务商均在司法部有备案。这种做法，在很大程度上消除了用户对于家政服务人员素质和服务水平的质疑。

和大多数平台服务一样，中介佣金是该平台的主要收入来源。Handybook 每笔订单的价格大约为 85 美元（含税和小费），在付给清洁工前，公司会按一定比例抽走部分款项，不过抽成比率并未对外公布。

在支付方面，公司与第三方支付机构 Stripe 合作，如果用户对服务不满可方便地申请退款，如此确保了支付的安全性和信任机制。平台的现有用户中有 25% 已成为订户，另有 15% 的用户虽没征订任何服务，但表示一个月内会再次光顾。

公司还提供 7×24 的售后服务，相关人员会准时上门解决问题。

在众多服务项目中，用户请求最多的是家庭清洁，水管维修和家具装配等请求比例非常少。不过这也在情理之中，毕竟还是没时间整理家务和打扫卫生的人居多，因而对这项服务的需求也就相对较高。

　　此外，家具属于耐消品，使用损耗和更换频率本来就低。但汉拉罕希望用户能尝试家政之外的服务，帮助公司拓展更多内容。"如果你已经有了一名清洁工，我们打算再送去一名管道工。你不用思考如何整理房间，我们来替你考虑。"他说。

　　该网站是在 2013 年夏天开始寻求投资帮助的，已经成功完成三轮融资。融资顺利的主要原因是，公司本身的良性发展，在 2014 年上半年，该平台每月的用户数都能翻倍增长，两年以来订单量实现 10% 的复合增长率，每周订单量已有数千。

　　"有段时间，我们每周要处理上千份预定请求。即便现在，我们也能看到预订请求呈两位数增长。"汉拉罕表示。

　　2012 年 10 月，Handybook 孵化于哈佛创新实验室，在诞生之初就拿到 200 万美元种子资金。

　　2013 年 10 月 23 日，公司获得 1000 万美元的 A 轮融资，领投机构分别是 General Catalyst Partners 和高原资本，并发布一款新的移动应用程序。

2014 年 6 月 11 日，公司获得 3000 万美元 B 轮融资，领投方为 Revolution Growth。彼时该公司已经在美国 28 个城市运营，周业务增长率已经达到 10%。该轮融资将主要用于帮助提升公司的移动工程开发团队以及拓展市场。

其实，在 2014 年 1 月，公司已经以不到 1000 万美元的价格收购了家政服务公司 Exec，扩大了其在美国西海岸地区的市场。

2014 年 9 月，网络家政服务平台 Handybook 正式改名为 Handy，以帮助公司梳理目前混乱的情况，因为人们总会顾名思义把 Handybook 当作是实际的书本，或者跟黄页联系起来，不利于公司服务目标用户。

目前，Handy 已经将 3000 个承包商与正在寻求附近清洁、油漆、家具组装服务的人联系起来，用户可以通过手机客户端或者网站申请服务，网站会给出报价，用户确定服务后通过银行卡付款，避免发生讨价还价的情况。

当然，该公司并非美国最为成功的家政服务平台，Care.com 已经在 2014 年年初上市，市值逾 10 亿美金。两者业务存在一定的重合，Care.com 主要为儿童、老人和宠物提供家政保姆服务，也包括家庭清洁等服务。相比较而言，Handy 业务更为专一和集中，而 Care.com 则更为全面。

汉拉罕表示："我们成立 Handybook，就是想帮助解决家务服务的难题，而且我们可以提供远程服务并管理这些服务。"如今公司每周的预定数量都超过 1 万，据该公司透露，他们的增长率保持在 20%。

一个概念颠覆亚马逊

有一家公司还没正式成立，就宣称要向零售巨头亚马逊开战，两轮融资高达 2.2 亿美元，估值约 6 亿美元，它就是马克·洛尔（Marc Lore）创办的电商网站 Jet.com。

2014 年 7 月，这家总部位于新泽西州蒙特克莱尔的电子商务初创企业，成功融到第一笔 5500 万美元的资金，到 2014 年 8 月又融到 2500 万美元，顺利完成总额 8000 万美元的 A 轮融资。

投资方包括新企业联盟（New Enterprise Associates）、加速合伙公司（Accel Partners）、贝恩风险资本投资公司

（Bain Capital Ventures）和蒙特科技风险资本投资公司
（Mentor Tech Ventures）。

2015 年 2 月，该公司在 B 轮融资中获得 1.4 亿美元，
这轮融资由之前的投资者贝恩资本风险投资公司领投。此
轮融资中的估值接近 6 亿美元，这笔投资让 Jet 公司融资
总额达到了约 2.2 亿美元。

2015 年 11 月，公司上线不到四个月的时间内，就完
成了新一轮 3.5 亿美元股权融资，共同基金巨头富达投资
领投，现有股东参与跟投。公司估值高达 15 亿美元，成
为初创公司中的又一独角兽。

公司能取得如此令人瞩目的成绩，和创始人马克·洛
尔的成功经历不无关系。在此之前，他曾创办被亚马逊视
为潜在的对手的电商网站 Diapers.com，这是美国的一家垂
直类电商，以销售母婴用品和家居用品为主，服务水平过
硬，尤其是在订单和物流管理上有一些比较领先的优势，
与西雅图在线零售商亚马逊进行了激烈的竞争。

2011 年，它所隶属的公司 Quidsi 被亚马逊以 5.5 亿
美元的价格收购，在收购前亚马逊曾宣布与 Diapers.com

开打价格战，欲通过战略性亏损销售来消灭竞争对手，在亚马逊大幅削价后不久，Quidsi 公司就被迫出售了。

马克·洛尔根据合同要在亚马逊工作四年，但他在 2013 年 7 月离开了。一年之后，集结了 30 多名 Quidsi 公司的老成员创办了 Jet 公司，再次挑战亚马逊。

Jet 与美国第一大连锁会员制仓储式量贩店好市多（Costco，美国最大的连锁会员制仓储量贩店，每年收取 55 美元的会员费）类似，但 Jet 要做的是它的线上版。

好市多以物美价廉著称，非会员必须由会员带领方可进店消费。与好市多一样，Jet 不会向所有人开放。在经过 90 天的免费试用期后，必须支付 50 美元的会费才能继续使用。马克·洛尔承诺，作为每年 50 美元会员费的回报，网站价格最终会比其他任何电商便宜 10%—15%。

该公司之所以能提供低价，是因为他们只准备通过会员费赚钱——他们的商品全部都是零利润。公司还表示，他们的低价源自流程透明度的提升，并将采取更多措施节约成本。

马克·洛尔说，Jet 会是"一种全新的电子商务体验，它在透明度和消费者授权方面将是独一无二的"。公司早期会员的招募获得约 352000 名注册会员，在 2015 年 5 月 1 日启动试运营，仅向 1 万名"内部会员"开放。

内部会员资格是通过此前官方发起的推荐活动发放的，推荐给朋友数量最多的前 1 万名用户获得内测资格。他们预计平均每个会员每年可以节省 150 美元，Jet 的价格优势可能不仅会抢走那些亚马逊的现有用户，而且还将吸引没有网购习惯的购物者。

创始人兼首席执行官马克·洛尔把 Jet 网站描述为会员项目，通过与零售商进行合作，尽可能为在线购物的客户节省更多资金，向会员提供互联网上最低的价格。

网站为试运营提供了大约 500 万件商品，在 6 月中旬正式发布时商品总数增加到 1000 万件。在 B 轮融资过后，马克·洛尔表示："我们将利用这笔资金投资于为客户提供价值主张，我们将用更多的资金进行全面投资，从产品、市场到基础设施和运营。"

该电商网站有别于竞争对手的关键一点是，提出"根据配送距离动态定价"的模式，即根据距离、时间等条

件的优先级不同而对物流费用进行动态的定价，沿袭了
Diapers.com 之前在流程和物流管理上的优势。

目前，电商物流基本上是按距离和重量等参数一刀
切地定价，着急收货的消费者花钱也买不到更好更快的物
流，不着急收货的消费者也无法用时间换取优惠。

Jet.com 要做的就是用经济力量对这些资源进行更细
致的配置。动态定价的方式在电商中并不常见，采取动
态定价策略主要依据两个维度：第一是时间，比如新品和
处于销售高峰的商品价格会更高（在订机票、酒店时常发
生）；第二是市场细分，也就是把消费者分为不同的价格
承受级别，然后针对他们设计不同的产品组合进行销售。

Jet 的动态定价模式实际是一种基于市场细分的定价
方式，其细分维度就是配送距离。也就是说，Jet 在销售商
品的同时把配送物流也当作一种服务来销售，如果你的配
送成本更低，就无须支付和其他配送成本高的用户相同的
配送费用。

马克·洛尔在接受采访时曾表示，"我们将不会通过
出售商品获取利润。我们将会通过会员费赚钱。因此，我

们将把通过商家获得的佣金全部用于降低产品售价，亚马逊则必须保留佣金作为利润，这就是我们与亚马逊之间的差别。"

然而，2015 年 10 月，上线不到三个月的 Jet 宣布公司将放弃收取会员年费的业务模式，即不再向用户收取 50 美元的会员年费。

公司向用户开放免会员费服务，提供三个月至一年的免费会员服务测试，这就意味着几乎没有用户再愿意支付该公司的 50 美元会员年费。而此前公司将会员年费视作唯一利的润来源，放弃会员制模式就意味着 Jet 将不得不采用更多传统方式让公司实现盈利。例如保留部分的卖家佣金，或者是向卖家收取其他电子商务网站收取的费用。

但如此一来，公司就不会再承诺出售的产品售价要比其他网站更低。Jet 在电子邮件声明中表示，公司将会向早期缴纳会员费的用户提供一年的免费邮寄服务，并不限订单大小。

新会员缴纳 35 美元，也能够获得免费邮寄服务。在不征收会员费之后，目前尚不清楚 Jet.com 将如何维持比亚马逊更低的产品售价，以及如何募集资金来支持公司的广告推广。

自诩比亚马逊的产品售价更低，是 Jet.com 吸引客户的主要卖点。这家公司此前曾经预计，在 2020 年之前将无法实现盈利。

一家还没卖出任何产品的电商网站就能筹集亿万美元的资金，除了到位的广告宣传外，关键还是因为首席执行官兼创始人马克·洛尔再次重塑零售行业的信念。

Jet.com 还没正式推出，一些中层员工已经加入这一网站，尽管他们也没有确切地知道这家购物网站到底通过何种方式开展工作。随即，公司又吸引了大笔投资以及众多的员工的加盟，主要还是与该公司的首席执行官马克·洛尔赢得了各方的信任有关。

诸多业界人士认为，Jet 有潜力成为过去 10 年中推出的最具雄心的电子商务网站。从高层次的角度来看，Jet.com 正在努力重新确立网络中的好市多会员俱乐部模式。

它是个在线营销市场，在这个网站上，像美国在线购物网站 TigerDirect.com 以及其他数百个类似的大小网站等零售商，都可以销售他们的商品。Jet 网站销售的商品种类包括体育装备、家居用品、食物餐饮、外出旅行等，品目繁多、一应俱全。

在 Jet 成立之前，有很多电商网站试图挑战亚马逊在零售界的地位，包括 2009 年成立的总部位于美国西雅图的闪购网站 Zulily、1999 年成立于美国拉斯维加斯的鞋类网站 Zappos.com、美国最大的连锁书店 Barnes & Noble，以及前文提到的马克·洛尔创办的母婴用品网站 Diapers.com，这些挑战者要么被亚马逊收购，要么在与亚马逊同类产品的竞争中败下阵来。

马克·洛尔此次卷土重来，意欲东山再起，与亚马逊正面交锋，在这场战役中 Jet 使用的武器主要包括以下 7 种。

秘密武器 1：低价

该网站尚未运营，就声称所有商品价格平均将比其他所有网站的整体价格便宜 10%—15%。为证实这一说法，创始人洛尔还与部分业界人士把 Jet 网站上的尿布、清洁剂等商品价格与其他网站进行比较，事实证明，该网站的价格确实更低。

而后，业界人士在线搜索了 Sonos Connect 设备，发现在 Jet 网站上，这款设备的价格为 301 美元，而其他电子商务网站上最低价格则是 349 美元。

像好市多这样的会员俱乐部之所以能够以极低的折扣价格来销售商品，主要是因为前期采用标品亏损销售和会员费补贴等方式，容易在市场中形成低价印象，在打开市场后，再培养用户购买其他毛利更高的产品。

这种模式并非真正意义的低价，而是超市将盈利结构进行合理分配，采用通过部分 SKU（最小存货单位）突围建立低价印象。同时，通过非品牌替换掉品牌库存，节省掉采购品牌商产品的那部分品牌附加值，这部分附加值就是超市利润来源。

不过，这并不是 Jet 采取的方法。当零售商在网站销售商品时，每次销售都会让 Jet 抽取提成，具体的提成数额根据产品类型不尽相同，亚马逊的抽成率通常在 8% 到 15% 的范围内浮动。

而 Jet 将获得的这些佣金用来资助消费者最初的所有折扣，通过会员会费来获得大部分盈利，而非将销售商品所获取的提成作为其盈利渠道。洛尔称："我们网站上的所有商品基本都按照我们的成本价格销售，顶多只比成本高一点点。"

秘密武器 2：折扣

消费者总是喜欢借助工具找到最物美价廉的商品，例如，网页浏览器插件 Hukkster 可帮助消费者用于检查是否有可用的优惠码。但 Jet 为那些对价格敏感的消费者提供了另一种选择——只需访问其网站就可以获得约 1000 万种商品的最低价。

如果消费者同时订购了多款商品，Jet 的技术将会进行幕后搜索，如果发现一家零售商的仓储中有订单中的两款商品，系统就会自动申请更多的折扣，因为这样给用户发货的成本效应就会更高。

Jet 的系统还会寻找一家离消费者住所更近的仓储节省运送成本，如此便可给消费者更多折扣。所有的这些都在幕后发生，而购物者在往购物车增加更多新产品时，就会看到更多的折扣优惠成堆地显示出来。

洛尔称："并不是说我们发货的方式更加智能。事实上，我们是在展示真正的深层次的经济因素。如果我们将这些折扣更加透明地公布给消费者，那么我们就会增加更多有效的订单。"

如果用户不是用信用卡而是用记账卡或银行卡来付款，Jet 还可以打更多的折扣，因为这样支付处理费用更少。另外，用户将电子邮件地址给销售方也可以获得降价机会，每位零售商都会给 Jet 提供一个业务规定，决定哪些商品订单可以获得什么样的折扣。

Jet 很快还会推出紧俏商品的延迟送货选项，这样可以节省更多钱，客户也可以选择不退货来获取更多折扣。

秘密武器 3：快速送货

对于单笔金额不少于 35 美元的订单，消费者就可以享受免费送货的优惠。如果订单低于 35 美元，那么消费者就需要为此支付 5.99 美元的送货费用。对多数商品而言，订单往往在 3 到 5 个工作日之后得以履约。

对于消费类商品，如纸巾、谷类和牙膏等，最多只需 2 个工作日就可以将货送到消费者手中，这与亚马逊的 Amazon Prime（亚马逊金牌用户）服务极其相似，而且还不收取任何额外费用。

　　Jet 之所以能够这样做，主要是由于该公司拥有两个仓储，在地理位置有效区域存储这些商品。用户平均每一单订购的商品约为 5.5 件，该公司平均每个纸箱可以塞进 3.1 件商品，公司希望通过一次性多寄一些商品的方式来节省配送费，并希望能构筑一个几乎没有库存的纯市场，由制造商、品牌和零售商维持自己的库存和配送网站。

秘密武器 4：整合零售，不建仓储

　　Jet 希望能够整合大大小小的线上零售网站，不像亚马逊那样建仓储，而是把所有零售商作为它的库存分站。但它发现并不是所有在线零售商都愿意与其合作，洛尔承认像诺德斯特龙（Nordstrom）这样的时尚零售商已经要求退出。

　　但网站很快就为消费者提供一个选项，让他们把私人邮箱分享给零售商，为的是接收来自这个零售商的优惠券和在商品购买上的折扣，这个选项显示了 Jet 超过其他平台的优势。

　　"如果你选择的是像亚马逊这样的平台，他们不会让零售商去做营销。"罗瑞说,"至少在这里,消费者可以选择分享他们的数据。而且因为 Jet 的零售商伙伴是直接向消费者发货,他们也可以在货箱中针对他们的消费者进行营销活动。"

零售商伙伴还可以在他们完成订单的方式上与 Jet 进行合作,这在其他网站是没有的。例如,为了规避那些没有利润的订单,零售商可以拒绝分单或是寄送到十分偏远的地区。

目前已有 2200 家零售商同意通过 Jet 进行销售,这些零售商包括新蛋、Barnes & Noble、联想、华硕、戴尔、哈珀柯林斯等,但只有 500 家在正式推出时完成了集成。

Jet 决定销售未来可以从合作伙伴那里获得的所有商品,即使这意味着前期要承担一定的经济损失。

秘密武器 5:帮助购物,保证供货

"这是一种非常简单的品牌承诺。消费者每年支付 50 美元,购买任何一件商品都可以节省开支。"洛尔如是说。Jet 网站一旦正式上线,可销售的商品数量将有数百万个,如果消费者在 Jet 网站上搜索一件产品却没能找到,那么

Jet 公司仍可以让消费者继续订购该商品。

在此之后，Jet 网站将帮助消费者采购这一商品，而且还可以给消费者提供一些特殊的折扣，不过具体折扣金额尚未透露。

秘密武器 6：联合时尚品牌

每个大型在线购物网站都努力拉拢那些只在线下和官网售卖的高人气时尚品牌公司的产品，亚马逊网站在此方面的努力却多以失败而告终。为成为这些品牌的销售渠道，Jet 推出一种名为"Jet Anywhere"的附属计划，该计划将给 Jet 会员提供回报奖励，目前合作的品牌有盖璞（Gap）和 J.Cres 等。

当会员在线下或该品牌官网购物时，将有 Jet 积分卡赠送，积分可以换取这次交易额的 20%—30% 价值的商品。

洛尔称："这是一种特殊的奖励，这可以让消费者在我们网站毫不费力地购买商品。"

秘密武器 7：耗费巨资培养新用户

Jet.com 笃定成功运营的关键绝不只是简单地将网上

客户从竞争者那边拉过来，它正计划发布耗时 1 年、花费 1 亿美元的"闪电"营销计划，以期培养美国"千禧一代"经常性网上购物的习惯。

尽管年轻妈妈们大多都是数字原住民，但她们中的大部分并没有产生足够多的网上购物行为，这正是因为网上购物价格还不够诱人。据美国商务部报告显示，只有 8% 的零售交易发生在线上。

洛尔曾说过，公司计划在未来 5 年时间内投放 5 亿美元用于营销，这样一家雄心勃勃的公司或可打造电商领域的新业态。Jet 的劣势是，在 2015 年 7 月上线之前，Jet 已经花掉 4000 万美元，这些钱用在库存、300 多员工的招聘以及位于新泽西、堪萨斯、内华达的仓库和其他初创公司的消费上。

此外，公司还在广告上花费了 1 亿美元，这包括从 2014 年 9 月开始的电视宣传活动。它还给予早期用户 6 个月的免费使用，12 个月的试用，并且现在还推出了 3 个月免费试用。

除了这些，它还在发放"JetCash"，可以让用户在其他地方的商家网站上购物时也能节省费用。一般而言，这样的企业日常管理费用每年可达 1.5 亿美元，不过马克·洛尔表示会尽力把花费控制在这个数字以下。

2015 年 5 月，消费数据初创公司 Boomerang Commerce 获得 Jet 的授权，进入网站做了抽样调查，样本为跨越多个品类的 200 种商品。结果显示，其中 188 种商品都比亚马逊便宜。

整体而言，Jet 的价格要比亚马逊低出 27%，相较于亚马逊的自营商品（自配送）其便宜幅度是 17%，但亚马逊自有商品会比 Jet 便宜 28%。另外，Jet 有优惠特卖专区，商品数在 500 万左右，而亚马逊的优惠特卖商品数高达 3 亿。

如此看来，Jet 的确更具优势，但将年费 99 美元的 Amazon Prime（亚马逊金牌服务）用户转化为自身会员并不容易。

1. 亚马逊提供上亿种商品，而 Jet 正式推出服务时仅提供 1000 万种商品。

2. 亚马逊金牌服务没有免运费的最小订单金额限制，

无论消费者购买多少商品都可享受免费送货，但 Jet 却要满 35 美元才能免费送货，低于这个金额的订单需要收取每单 5.99 美元的运费。

3. 固有的用户黏性和品牌忠诚度使得亚马逊金牌服务的许多用户相信自己所得商品价格是合理的，并不会去其他电商网站进行比价。

4. 这类客户群体享受两日送达的快递服务，而 Jet 商品送达时间不一而足，如纸尿布、卫生纸和麦片的送货时间为 1 到 2 天，服装和电子用品的送货时间为 2 到 5 天。

5. 亚马逊为越来越多城市提供当日送达快递服务、大量可免费观看的流媒体电影和电视剧以及免费的照片存储空间。尽管在上线前 Jet 已经拥有 10 万名消费者，但还有待取得用户数量的突破。

对此，马克·洛尔表示他并不担心，因为即使不考虑亚马逊，现在美国电子商务市场总量大约为 2000 亿美元，Jet 模式在年销售产品额 200 亿美元时是可盈利的。

06

第 6 章
比附一个
强大的对手

若想建立强大的名声，有一个偷天换日的捷径，就是盯住一个强大的对手不放。去补他的短板。

假如定位理论真的像吹嘘得那么神，那么消费者的这种认知应该是不可改变的。然而，有一种破解定位的简单武器就是对标。比如三星盯住苹果不放，百事可乐盯住可口可乐不放，京东处处要赶超天猫。

魅族与小米争辉

魅族科技的创始人黄章是一个传奇式人物，据说他连高中都没有读完，却一度做出了全球顶级配置的手机。

黄章说，雷军曾经以投资人的身份接触它，进而深入了解到了魅族手机的核心机密并窃取之，随后创办了小米。

黄章这么骂雷军："我就是这样上当的，不是我曾经教他，他懂个屁做手机。"

对于黄章发难，雷军这样回应很有打太极的风格："黄章是个难得的草根创业很成功的人，我们需要用一种宽广的胸怀和爱护的眼光去看待他。刚结识黄章的时候，我还是觉得他挺了不起的，初中毕业，而且从厨师做起。如果你要受良好的教育，有很多资源，你可能不会觉得他做得有多好。但是你把这几条加上去，我觉得还是很励志的，我觉得这是他的长处。但是，我觉得他有他的局限性。"

1. 沉默者的策略考量

雷军曾说，似乎互联网上做手机的每个人都骂小米。一骂成名，已经成为互联网营销的常规手段。

罗永浩的锤子手机出来后，也不断地挖苦小米手机。雷军深谙营销之道，绝不回应。

雷军说自己遇到的痛苦之一就是，别人纠缠你，骂你，侮辱你；好，你回应，就在帮他做对标营销，你不回应，你又很痛苦。

雷军真正回应过的，除了周鸿祎，似乎只有黄章了。

雷军认为，除非被骂得不得不回应，他是不会回应的。一互动，骂人者就热了。而周鸿祎的本事是骂到你不能不回应，其他的雷军都没回应过，所有骂雷军都忍了。

针对黄章近乎辱骂的发言，雷军说："我们曾经试图回应，后来他找我的朋友说情，然后把所有骂我的东西都删了。所以，在我这个角度我没办法评价黄章。"

雷军曾顺着黄章的话准备一篇文章，叫《黄章到底教了雷军什么》。作为出道极早的互联网老前辈，雷军就问黄章一个问题：黄章到底教的是什么？

但小米身上确实有一些魅族的影子。魅族 M9 发售时，只在有限的几家店发售，造成排队拥堵，制造了魅族热销的新闻。后来小米的饥饿营销手法与魅族何其相似乃尔。

小米炫耀硬件参数的手法，也有黄章的影子。黄章当年在《微型计算机》杂志做广告，就标榜其 MP3 用了谁家的优质芯片。

还有人说，是黄章首创了"期货"模式。魅族M8手机2007年就开始炒作，每隔一段时间就曝光一下，两年后才批量供货，当初看起来顶配的硬件，成本也降下来了。这招也是后来小米屡试不爽的"期货"策略。

其实"期货"这个事情，取决于产能瓶颈。雷军说，大家要学小米，大家不要再骂小米了；华为说他们有现货，你们看看，华为也被大家骂惨了，因为他们的产能比小米更差。

然而，商业手法没有专利保护壁垒，明眼人一看便学会了。黄章虽然是先行者却没有雷军的财力与网络资源。所以，小米虽然成立较晚，却拔得头筹。黄章有苦难言，郁闷于怀。

魅族本来只是一个靠社群营销起家的小众品牌，有一群忠实的拥趸。

随着魅族与小米恶斗的升级，魅族影响力也越来越大。

曾几何时，小米和魅族一直在千元机上互怼，每一代机型魅蓝和红米系列都少不了被自媒体评测比较，所以在近几年来小米和魅族基本上都被消费者划在了同一个维度。

但小米真正想对标的，却是行业老大苹果。

2. 小米对标苹果

在中国，雷军和小米已经成传奇，从来没有一家中国互联网公司成长如此迅猛。

小米刚出来的时候，就是不断与苹果对标。

2011 年 8 月 16 日小米手机发布会上，雷军穿着黑色 T 恤和蓝色牛仔裤站在台上如乔布斯在苹果 iPhone 发布会上的感觉一样，发布会后雷军也获得了"雷布斯"的称号，雷军对于这个称号，还是应该比较受用的。因为模仿乔布斯并不可耻。雷军曾在微博上表示，八十年代初，乔布斯是美国的民族英雄，风头不亚于今天。我记得比尔·盖茨后来曾说，他只不过是乔布斯第二而已。

已经失败，远走美国的贾跃亭也有人叫作"贾布斯"。他们都是对标苹果模式。在发布会上，他们都是 T 恤加上牛仔裤，以及极简主义的 PPT，充满悬念的演说，甚至连淡淡的忧郁气质，都跟乔布斯神似。

从心底来说，雷军还是希望小米被贴一个"中国的苹果"标签的。小米的命名和苹果是一个思路，都是科技与人文的结合，想传达一种积极、温暖的情绪。

但雷军也承认，走苹果之路是思路中的一条。苹果的极简之路太难，小米要走集大成之路。南坡是苹果第一，小米要改爬北坡，做北坡第一。

小米 Mix2 的发布会，不早不晚选在了 iPhone8 发布会的前一天。

不管雷军是有意或是巧合，但对于媒体而言，小米必须将自己的得意之作全面跟 iPhone8 做一个三百六十度无死角的对比了。

单点对标 & 事件营销

一个人的水平和档次，可以从他的对手中看出来。武侠小说里，为了塑造高手形象，往往会采用这样的技巧：先让一个狠角色出场，结果这个狠角色被更狠的角色灭了。这时候，真正的主角才缓缓出场，轻轻一出手，就把更狠的角色打败了。

公关，就是处理与公众的关系，目的就是要在公众心里留下积极的印象。在公众的心里，你对手的水平代表着你的水平。所以说，让公众知道谁是你的对手，这也是一种公关方法，一种很好的营销方式。

加多宝一再强调，自己是可以比肩可口可乐的饮料品牌。2012 年，一份所谓的《2012 年前三季度中国饮料行业运行状况分析报告》出炉了。报告指出，2012 年前三季度，中国市场的饮料行业总体景气程度下滑，其中一个分化趋势是：健康型饮料比重上升，而碳酸类饮料份额呈下降趋势。目前碳酸饮料的市场份额已经下降到 21.9%，落后于饮用水 25.7%，以及果汁品类 22.2%。

有文章称："昔日风光无限的饮料界大佬可口可乐公司也在罐装饮料市场上让出了头把交椅，以 10.3% 的份额排于加多宝凉茶之后。"

明眼人都能看出，就算这个统计数字可信，但这种比较方法也是非常罕见的。

因为它只拿罐装可口可乐与罐装加多宝进行比较。罐装仅是可口可乐包装中的一种，它并没有把玻璃瓶、塑料瓶，以及冷饮机终端的销量算进去。

所以，可口可乐在中国市场的销量仍然远超加多宝。尽管这个数据并不能代表什么，可是，一般大众谁会关注这些细节呢？一些哗众取宠的媒体恨不得把标题写成"加多宝销量超过可口可乐"，来以讹传讹。

加多宝方面当然没有义务澄清这个问题，而可口可乐在这方面被人"吃豆腐"惯了，往往采取不回应的策略。双方互不回应，对于大多数公众来说，仿佛就是一种默认。

于是乎，"加多宝销量超过可口可乐"的误解伴随着"中国第一罐"的说法越传越神。加多宝对标的是可口可乐。广药收回王老吉商标以后，王老吉对标的是加多宝。

加多宝与王老吉破解定位神话

我们看看对标如何破解定位神话。

加多宝的第二个对标者是广药王老吉。

在广药和加多宝的商标争讼期间，北京市大成律师事务所姚岚律师在其博客中写道："奇怪的是，双方不管怎么打，都是舆论战，都是消费者看，记者和经销商陪着玩，始终见不到双方在法律进程上有任何的举措，甚至连表明法律纠纷立场的最基本的律师函也没见谁发过。双方似乎都在全情投入地自导自演，自言自语，各自向媒体倾诉。王老吉向公众诉说，向上下游的客户倾诉，向直接经销商倾诉，讲述着王老吉的历史，讲述着王老吉品牌的强大，回顾着王老吉对社会公益事业的贡献，畅谈着王老吉未来的战略规划。"

凉茶大战中的双方，互有交织利益，是一对亲密敌人。

一方面，广药需要加多宝这个引航员，帮自己荡平和其正这种对手，并摸索出最佳市场路线图。广药只需亦步亦趋即可以实现跟进，甚至超越。

另一方面，加多宝所要做的，只是从一座已经失火的房子里抢救出尽可能多的财产——将品牌知名度转移到加多宝上来。就是要让全天下的人都知道加多宝在和王老吉打架！就是要让全天下人都知道加多宝和王老吉本来是一家的！这是加多宝现阶段最大的公关意图。为达到这个目的，过程有些瑕疵也在所不惜了！

广药和加多宝的隔空骂战，在客观是上起到了一种广告作用。加多宝的目的是让人知道，加多宝就是原来红罐王老吉的运营方。各路新闻媒体广为传播"广加之争"，等于免费为加多宝做了品牌广告。自己发广告说，"加多宝"就是"王老吉"，既要花广告费，又未必有公信力。通过不停地诉讼和公关活动，保持良性或者中性的公众曝光度，可以更好地实现加多宝的意图。

弥补强大的对手的短板

马云曾经说：不要贪多，做精做透很重要，碰到一个强大的对手或者榜样的时候，你应该做的不是去挑战它，而是去弥补它。

抖音短视频，是一款音乐创意短视频社交软件，由今日头条孵化，该软件于 2016 年 9 月 20 日上线，是一个面向全年龄的音乐短视频社区平台。用户可以通过这款软件选择歌曲，拍摄音乐短视频，生成自己的作品。抖音平台会根据用户的爱好，来分流用户喜爱的视频。

借助于抖音 App 的火爆，抖音衍生出的免费视频编辑软件剪映也实现了安装量的飞升。然而，就是在这样的现实下，有一款收费的，为视频自动添加字幕的软件爱字幕，依然拥有超高人气。

原来，剪映是抖音官方推出的一款手机视频编辑剪辑应用。带有全面的剪辑功能，支持变速，多样滤镜效果，以及丰富的曲库资源。

然而，剪映在自动识别添加字幕这个功能上做得并不是很令人满意。而爱字幕则在这个功能上做到了极致。对于有添加字幕需求的用户来讲，这个功能也就成了一个刚需。

07

第 7 章
共享模式
的无限可能

分享是一种快乐，也是种本能。人在分享的同时，又能顺便赚点钱，那是再好不过的事情了。

什么比金钱更令人狂热？

你用过知乎吗？它是中文世界领先的问答网站，它的商业模式借鉴了美国的问答网站 Quora。

2007 年，美国一家名为 Mahalo.com 的问答网站问世了。和以往的问答型网站不同的是，Mahalo 为了调动用户的积极性，推出了自己独创的金钱激励系统。

首先，在 Mahalo 网站上提问的提问者需要悬赏提问，也就是提供一笔网站内发行的虚拟币作为赏格金。接着，其他用户可就此问题提交答案，最佳答案提交者将获得这笔赏奖金，并可将其兑换为现金。

Mahalo 在夏威夷方言里是感谢的意思。网站的创始人认为，这样的奖赏模式，犹如一个经济体系，有助于激发人们的参与热情，并增强网站的黏性。

一开始，此举确实奏效，Mahalo.com 新用户呈现爆发式增长。然而好景不长，金钱激励带来的热情无法持久，所以，人们的参与热情很快也就慢慢冷却了下来。

尽管用户能够从这个问答网站中获得金钱，但是这种单纯的经济刺激手段似乎不具备持久的吸引力，除非你的奖赏能够持续不断地上升，但那最终会超出人们的承受能力。Mahalo 的增长瓶颈，让另一些智者发现了潜在的机会。

Mahalo 还存在一个认知上的偏差，那就是假设提问者一定是需求方（买方），而回答者一定是供给方（卖方），人们回答问题的最大动力来自金钱。

2019 年，Facebook 前雇员查理·切沃和亚当·德安捷罗成立了一家名为 Quora 的网站。这两位都是做社交网站出身的，深谙人的社交天性。而 Quora 这个词，由 quorum 派生而来，quorum 有仲裁、会议法定人数等含义。

由此可以看出，从一开始，Quora 的创始人就为它注入了社交基因。我们可以理解为，一个答案好不好，不是由提问者裁定，而是由大家投票决定。显然，这两位从世界最大社交网络出来的创始人，对社交和人性的本质理解更为深刻。

Quora 作为一个社会化的社交型问答网站，综合了 Twitter 的 follow 关系粉丝功能、维基百科的协作编辑、Digg 的用户投票等模式，很快就获得了大众的热捧，并大获成功。

有别于 Mahalo 的是，Quora 没有给提交答案者奖励过一分钱。Mahalo 给人们提供了现金奖励，人们为什么仍会对 Quora 表现出极大的热情呢？

Mahalo 的创始人显然更倾向于是把人视为经济动物，把问答视为一个供需市场，觉得给用户答主提供金钱奖励可以增强他们与网站之间的关系。毕竟，谁不喜欢钱呢？

但是，Facebook 的经历，让 Quora 的创始人却对人性有了不同的理解。

纯粹从刚需角度讲，实质解惑型的有偿问答并不是一个高频的需求场景。反而是那些免费的，带有互动、讨论意味的问答则是一种高频次的需求场景。很多时候，一个好问题（话题），甚至比后面的解答更有价值。遇到一个好的话题，人们就是有一种想回答的冲动。

人不仅仅是"经济人"，还是"社会人"。Mahalo 的创始人对于人性只猜对了一半。Mahalo 的创始人最终发现，人们访问 Quora 网站并不是为了赚取真金白银，更是为了满足社交需求。

Mahalo 的模式触发的仅仅是人们内心中想要获得金钱的欲望。但该网站所能提供的经济激励并不足以带动人们持续的积极性，因为收入和付出并不成比例。

Quora 触发的是人们内心中的一种比较好的体验，比如社交和游戏体验、众人的点赞、粉丝数的增加、游戏等级晋升，等等。这些所带给人的愉悦感，远比那点儿奖金更诱人。

Mahalo 和 Quora 这两种模式，其实是以福特为代表的"理性工作人"假设，与以管理学家梅奥为代表的"社会人"假设的交锋。福特就特别提倡"理性工作人"。

在福特眼里，如今大行其道的所谓的团建、企业文化建设之类的活动都是玩虚的，工作就是工作，工作场所不是相互表达爱意的地方。通过专门的活动来沟通雇员与雇员之间或部门与部门之间的感情，是不务正业。

而哈佛大学的心理学家梅奥在工厂第一线进行了8年的研究后，直接把"经济人"假设给否定了，指出人其实是"社会人"。

Mahalo 和 Quora 这两种模式孰优孰劣？你只要看知乎选择模仿了谁就知道了。

但知乎最近似乎有了走回头路的趋势。自从知乎F轮拿了4.34亿美元融资后，仅仅靠平台插入硬广告盈利，已经很难满足投资方的要求。这在客观上要求知乎寻找新的盈利模式。于是，内容变现就提上了日程。

所以，知乎启动了MCN策略。所谓MCN，坦白地说，就是知乎这个平台和答主之间的一个内容变现的中介机构。一旦开始谈钱了，一些"头部"答主甚至要与 MCN 签订"卖身契"，原来那种为社交而回答的动机就会受到抑制。

精品也可以共享

当要出席重要场合时，你或许会为衣着配饰发愁，既不好意思像莫泊桑《项链》中的女主角那样借用别人的首饰，也不能指望仙女教母用魔法棒把你从灰姑娘变成公主。拥有科技灵魂的时尚公司 Rent the Runway 的出现就解决了这个难题，它使那些奢侈品牌的高端定制女装不再遥不可及，你只需花费一定金钱就能把它们穿在身上，享受那一刻的满足。

"我们的理念就是打造租赁界的亚马逊。"公司创始人兼首席执行官詹妮弗·海曼（JenniferHyman）说。

这家服装租赁公司成立于 2009 年，由对时装和科技毫无经验的哈佛商学院的毕业生詹妮弗·海曼与她的朋友詹妮弗·弗雷斯（JennyFleiss）共同创办。在新的千禧年，她们开创了共享衣橱时代。

公司内部调查显示，美国女性平均每人每年会购买 64 件新衣，其中有一半只会穿一次。而 Facebook 和 Instagram 等社交媒体则令情况变得更糟，人们一旦在这些网站上见到有人穿的衣服和自己一样，那件衣服便不会再被穿出，甚至有些用户要求自身上传的每张照片上所穿衣服都不一样。尽管这些听起来很荒谬，却是公司业务发展的动力。

Rent the Runway 从顶级设计师那里买来衣服，以名牌服装售价 10%—15% 的价格租赁给用户，让她们出席重要场合时可以有合适的服装穿。从而解决了大多数女性一直以来所面临的"满柜子衣服却发现无衣可穿"的难题。

在该网站，人们只需花费 70 美元就可穿上卡尔文·克莱恩售价为 2295 美元的白色露肩礼服，花 30 美元就可租到王薇薇标价 1295 美元的礼服。用户选好想要穿的衣服再确定递送日期，公司就会送上同一款衣服的两种尺码，以确保礼服合身。

最近，公司还推出一项名为"无限期"的新租赁服务，顾客每月支付 75 美元，便可无限期地借用多达 3 件的配饰，包括太阳镜、手袋和外套。

"我们为顾客提供了这样一个机会，让他们能用上因为太贵或者不合算而不会去购买的某些单品。"海曼说道。

网站还基于用户的基本数据推出新的搜索功能 Our Runway，这些数据包括身高、胸围、体重、年龄以及用户在试穿礼服后反馈给网站的照片。该功能帮助人们通过观看相同身材类型的着装效果，做出自己穿上不同礼服后的预估。此外，用户可以对其他客户的照片做点赞和评价操作，同时还能向与自己身材相仿的人询问诸如衣物是否合身等问题。

公司团队相信，在看到类似身材的真人着装效果后，他们会提高潜在客户和现有用户的转换率。其实在此之前，网站就允许用户将自己试穿衣服的照片上传到网站，并在每个产品列表中显示。

所以在开发搜索之前，他们就已经拥有了 1.2 万张真人照片作为搜索数据库，而且看过真人照片的用户租用衣服的意愿会是只看过模特照片就租用衣服的用户的两倍多。在校女大学生是他们的核心客户群，于是公司在校园和女生联谊会中招有数百名 Runway 代表，以此来吸引用户。

公司成立之初，海曼和弗雷斯利用特里贝克建筑公司（Tribeca）的多余空间来经营公司，并利用一家当地的干洗店储存和周转衣物。

随着业务的发展，他们把业务迁移到其现在所在大楼的其中一层，不久后又租下另一层来储存日益增加的库存。海曼原本计划将服装清洗和运输外包出去，但后来她认识到这是一种竞争力优势，于是聘请此前负责经营高端干洗店 Madame Paulette 的查尔斯·埃克斯监管物流，又聘请了原任甲骨文公司（Oracle）数据科学家的维杰·萨勃拉曼尼亚构建起支撑公司整体运作的电脑系统。

公司内部的业务运营十分复杂，它在全美共有 500 万名会员，每日网站及其软件算法都需要处理，并且还需向成员寄出 6.5 万余件服装，及 2.5 万余件耳环、手镯及项链。同一天里，还有六成衣物会装在 UPS 快递公司的聚酯回收袋里被寄回。

公司位于新泽西州斯考库斯的仓库拥有 200 多名雇

员，负责对寄回的礼服进行分类及清除各种痕迹，对首饰进行消毒并修复破损的地方。2014 年秋天，这部分操作迁至约为 16 万平方英尺的仓库内，公司将正式成为全美最大的干洗商。

公司刚成立就获得贝恩风险资本投资公司提供的 180 万美元的种子投资，贝恩总经理斯科特·弗伦德谈道："她们对于这一商机的思考条理非常清晰，这让人十分意外，听起来也非常有吸引力。"

几个月后，该公司获得了 1500 万美元的 A 轮融资，投资者为贝恩风投和高原资本（Highland Capital Partners）。

2011 年 4 月，该公司又获得 KPCB 领投的 1500 万美元的 B 轮融资。KPCB 的合伙人之一茱莉亚·德伯格尼说："我们并没有把它当作时尚企业来投资，它实现的是分享经济与社交媒体的碰撞。"

2012 年 11 月，该公司又获得 2000 万美元的 C 轮融资。

2013 年 3 月，该公司获得 440 万美元融资，投资方是美国运通和 Novel TMT Ventures，其估值达到 2.5 亿美元。

2014 年 12 月，该公司获得 6000 万美元的 D 轮融资，由 TCV 基 金（TechnologyCrossover Ventures） 领 投，贝恩风投、高原资本和 AdvancePublications 跟投。该轮融资后，公司融资总额达到 1.16 亿美元，其估值高达 6 亿美元。

海曼表示，2014 年是令人惊叹的一年：公司推出了新的订阅服务，在纽约和华盛顿新开了零售店铺，公司的用户数量、回头客、租赁成交量和收入在过去两年里均实现翻番。公司已经租出价值超过 3.5 亿美元的时装，这会让 2014 年的营收再翻一番，达到 1 亿美元。海曼指出，要不是她们之前在不断扩充基础设施和系统，公司早在 2013 年就可实现盈利了。

2018 年 3 月，Rent the Runway 获得香港的蓝池资本投资 2000 万美元。蓝池资本是阿里巴巴创始人、执行主席马云及执行副主席蔡崇信的投资公司。

分享你的技能

在日常生活中，我们每个人都会掌握一些鲜为人知的实用小技能，并且也很乐意与别人分享，但由于缺少适当的平台和时机，有时又不得不作罢。如今，Skillshare 搭建起这样一个平台，让想学习知识技能的人和想传授知识技能的人直接对接，人们能够以简单便捷的方式学习或传授感兴趣的内容。

这家位于纽约的创业公司成立于 2011 年 4 月份，是一个 P2P 的个人技能分享网站，公司的理念是每个人都能将自己的知识技能传授给别人。在这个平台上，只要具备一个技能，并且愿意将其传授给感兴趣的人群，你就可以在上面发起一个课程，在一个地点把大家召集起来，手把手地将这项技能教给大家，比如做西红柿炒蛋。

公司创始人兼首席执行官迈克尔·康吉安娜布鲁肯（Michael Karnjanaprakorn）表示，公司的创立源于对现存教育系统不足的思考。他曾参与一次世界扑克巡回赛，期间有很多人向他讨教扑克的知识技巧，于是他决定开一个扑克班，以一种更简单的方式来教授这种课程，在这种背景下，Skillshare 就诞生了。

"我们的目标是将每个城市都变成一个大学，将每个人都变成老师和学生。"迈克尔说。

在创立初期，公司就获得了 55 万美元的种子基金，FounderCollective、SV Angel 等参与投资。2011 年 8 月，又完成 310 万美元 A 轮投资，投资方包括 Union Square Ventures 和 Spark Capital。创始人表示，新一轮融资主要用来招聘与在全国范围内扩张。公司的业务已经覆盖美国的三个城市，他们希望在年底可以增加到 10 个城市左右。

公司的初步目标是建立一个成熟的 Skillshare 社区，因为只有借助鲜明的公司文化来支持老师和学生群体，公司才能有一个健康稳定的发展环境。所有 P2P 模式的公司都可能面临某些用户带来的威胁，所以对这样一个分享平台而言，信任至关重要。

为了建立老师和学生之间的信任联结，该平台添加了一些新的功能，如教师评论、徽章制度和推荐机制，以此来帮助用户找到最好的课程。

2012 年 1 月，公司发布名为 "好奇心带领我们到达明天" 的宣言视频。"活到老，学到老（To Live is to Learn）" 是视频里出现的第一个格言。

2011 年是协作消费（collaborative consumption）崛起的一年，过度消费逐渐转向过度分享，Skillshare 会让学习变得大众化，让人们可以相互分享知识。

"未来属于充满好奇心的人。面对未来，他们勇于尝试、探索、质疑。" 宣言如是说。

截至 2011 年年底，该平台的总教学时间已达到 1 万 5 千小时，学生数量 5.1 万人，和纽约大学相当，拥有 600 名注册教师，还添加了基于评分的系统，可以对教师和课程进行评论。

看过教育咨询师罗宾孙（Sir Ken Robinson）的 TED 演讲以后，在 TED 大会上谈论 Skillshare 是迈克尔梦寐以求的事情。2012 年他终于实现了这个愿望。

2012 年 3 月，该平台推出了 "Schools" 品牌页面，这是专为企业或组织设计的多人共同管理使用的页面。这个页面不仅学校可以入驻，任何品牌、企业或者非营利组织都可以进入这个页面。

通过"Schools"主页，品牌或组织可以让他们的员工在上面分享各种技能，同时也可以选出其他热心用户的技能课程分享给大家。

"Schools"主页的第一个合作伙伴是美国 GE 公司，并且在正在举行的 SXSW（南西南音乐节）上发布了它的第一个教学课程——教人们"在旅行中如何使用电气设备"。目前，"Schools"主页不会收取品牌方的任何费用，但计划加入一些新的盈利模式。

迈克尔说："我们希望能够通过网络使学习更加大众化，让所有人都支付得起。"

基本上，该平台平均每堂课的价格是 20 美元，公司只收取 15% 的提成，一个教师一堂课最多可以获得 1000 美元的收入。不过他们还推出了一个每月 10 美元的自助式套餐，用户每月支付 10 美元就可以学习平台上的全部课程。这种自助教育模式不断为高校分配了各种教育资源，也大大降低了学习的成本。

个人对个人的租车平台

通过优步你可以共享别人的私家豪车空间，通过爱彼迎你可以共享别人的私家住宅空间，然而这两者还是离不开物主的监管。

倘若你想在短时间内拥有别人财产的完全使用权，或许还有一定的难度。不过，Getaround 为消费者搭建了这样一个可以过把瘾的平台，让消费者可以通过该平台租赁别人暂时闲置的汽车，使车主放心，借者满意。

Getaround 公司成立于 2009 年，两位创始人山姆·扎伊德（Sam Zaid）和杰西卡·斯科皮尔（Jessica Scorpio）在当时还是硅谷奇点大学（Singularity University）的初级班学员。那年他们接受了谷歌联合创始人拉里·佩奇（Larry Page）提出的一项挑战：验证一个可以在 10 年内让 10 亿人受益的商业理念。经过一番头脑风暴，这两位"初生牛犊"坚定地选择回归到交通服务这一传统领域。

之所以这样选择，一方面是因为受到了汽车分析服务网站 Zipcar 的启发，另一方面则是为了改进 Zipcar 的商业模式。他们没打算通过组建并运营本公司的车队来提供租车服务，而是希望充当联系私家车车主与租车者的纽带。就这样，一个 P2P 的汽车分享平台 Getaround 应运而生。

"在美国有 2.5 亿私家车，但是几乎 95% 的汽车每天只使用 2 个小时，平均每天有 22 个小时是闲置的。"山姆·扎伊德说。

Getaround 是一个点对点的汽车租赁网站，其目标定位就是让不想买车的人随时可以用到车。这种模式是在平台上搜索本地信息，个人对个人服务，简言之，就是一个 P2P 模式。

在这个共享平台上，车主们不用汽车的时候就可以把爱车租出去赚钱，它可以帮助用户将闲置不用的汽车租给需要的人使用。自从 2011 年上线租车系统以来，网站注册用户超过 1 万人，服务网点设在美国的洛杉矶、奥斯丁、圣迭戈和波特兰等地。

该网站超越传统的租车服务，给人们更多本地的和支付得起的选择。

"我们的用户就像正在建立他们自己的社区一样，他们在这里分享共同的价值观和兴趣，我们则通过更好的计划，帮助世界共享资源，改善环境。"杰西卡·斯科皮尔说。

两位创始人和前谷歌工程师艾略特·克鲁（Elliot Kroo）联手，共同开发出了一款名为 Getaround Connect 的车载硬件与苹果手机客户端的雏形。该软件可以为租车者提供租赁渠道，整理出合理的出行解决方案，而且能实时追踪相关交通信息。

但同时，他们也注意到人们非常担心风险和安全问题，也害怕和陌生人共同分享同一辆汽车。为了解决这个问题，公司团队找来巴菲特的伯克希尔·哈撒韦（BerkshireHathaway）公司帮忙。他们参考了美国各州有关私家车共享的法规，共同开发了一款保障车主与租车者利益的保险。

根据保险条款规定，车主可以得到高达 100 万美元的保险赔偿，而参保的驾驶者们也都需要经过筛选，确保他们都拥有良好的安全驾驶记录。此后，他们获得种子基金投资公司 General Catalyst Partners，以及个人天使投资

Barney Pell 等的投资，顺利完成 340 万美元的种子轮融资，比他们最初预想的三倍还多。

经过精心准备以后，Getaround 在美国知名科技新闻网站 TechCrunch 举办的 Disrupt 大会上首次亮相，尽管当时已经花费 80% 的种子轮资金，但由于出色表现，最终获得此次创业大赛的冠军和 5 万美金奖励。

2014 年 11 月，获得总计 2400 万美元的 B 轮融资，使公司估值达到 2 亿美元。此轮融资由 Cox Automotive（考克斯汽车）领投，现有投资者 Menlo Ventures、SOS Ventures 与 Triangle Peak Partners 也参与其中。事后该公司与考克斯汽车公司联合发布公告，声明将通过进一步推广 P2P 拼车服务减少参与障碍，真正改变人们拥有汽车的方式。

Getaround 计划利用此笔资金将业务从现有运营城市旧金山、圣地亚哥、芝加哥和奥斯汀扩张至奥克兰、波特兰和华盛顿。

该平台的租车流程与 ZipCar（美国网上租车公司）的流程相比更简单方便。后者向用户收取 60 美元的年费和

25 美元的申请费，而 Getaround 除了收取租赁费外不再收取任何费用。不过，用户要租到一辆车，必须年满 18 周岁且有一个 Facebook 账户，完成注册过程后需要登录到 Facebook，提供驾驶执照号码信息，最关键的是车主必须有汽车保险。

此外，该公司非常重视个性化的租车需求，其租车服务可以按小时、日、周三个单位提供，在大多数时候客户下单三小时内就会得到响应。

租车费平均为每小时 9 美元，具体数额则视客户所在地和目的地、需要车辆类型和租用时长而定。车主可以分得租车收入的 60%，其余的 40% 则被 Getaround 抽取作为佣金。

2013 年，该公司推出了 Getaround Instant 服务（仅限旧金山地区），这项服务支持随租随用，旨在通过公司网站和旗下应用打造一个渠道，让用户无须事先提交租车申请，下单后当即就能租车成功。

2014 年，公司发布其首款安卓系统应用和一款改良版的苹果手机应用。不仅如此，他们推出的第三代

Getaround Connect 硬件还增加了很多全新的特色功能，比如蓝牙连接等。

Getaround 不仅是一个租车服务平台，它还提供相关保险、24 小时道路援助等客户支持服务。目前，公司拥有 20 多万会员，营业收入已突破千万美元。经过该租车系统的改变，流动性差的汽车租赁市场变得富有流动性，而且充满了生机和商机。

"我们的目标是提供完全按需供应的拼车体验，我们认为这种模式蕴含巨大的机会。"杰西卡表示。同时，她希望未来能帮助解决美国交通拥堵的问题。

08

第 8 章
打造你的
内容势能

互联网的出现不仅意味着我们可以超越时间框架、全天候与他人进行交流，还意味着我们分享的信息永远存在，随时供他人浏览和评判。

当古典电商平台似乎垄断一切流量的时候，内容电商却异军突起了。

小红书最初只是一个 PDF 版的 PC 端购物攻略，当这个攻略被证实受欢迎后，才有了一个论坛，很多购物达人在上面分享购物经验。后来才推出专注海外购物信息分享的 UGC 移动端社区 App，定位以海淘经验为主。又用了大概五年的时间，发展到了几乎能与电商巨头相抗衡的地步。

小红书最初是一个购物经验的分享社区，可以解答一些疑问，其主要作用就是生产内容，后期，逐渐以分享购物经验为主，并可以引导消费者购物、交易。其逐渐演变成了一个专业的电商平台。

随着跨境电商、综合电商的成功商业化探索，小红书开始探索内容多元化，引进明星生态与市场下沉。2019 年，小红书又推出了面向 B 端品牌商的广告与整合营销服务。

小红书的种子用户，都是一些购物达人，他们都具有很深的资历和经验，所以他们所分享的内容都是具有很高参考价值的，而这也正是增加用户黏性的一个非常重要的因素。

这些意见领袖（KOL）购物达人所分享的经验，最后难免掺杂一些原生广告，也就是所谓的软文。但这也是内容变现的一种重要途径，而小红书也就变成了一家内容电商平台。

尽管小红书创始人曾一再强调，小红书不是电商。因为他们最看重的，还是如何通过内容去更好地发展用户的规模和忠诚度。然而，电商是他们目前唯一的商业模式。

小红书被划分到内容电商，是有其合理性的。内容社区是小红书的横向底层架构，电商只是一个竖向变现的方式，这两者是无法比较的。

产品即内容，内容即产品

某种程度上，你可以把优衣库视为一家出版商。内容是热门的 IP，而 T 恤就是纸张。

2019 年 6 月，优衣库天猫旗舰店开始售卖其与 KAWS 的联名款 T 恤。活动刚刚开始一分钟，就有网友在网上晒图：自己购物车内若干件相关商品，均因库存不足而无法购买。活动当天，北京三里屯太古里、上海南京西路的优衣库旗舰店门口，天刚亮就开始有人排队。上午 9 点开门不久后，部分 KAWS 联名款 T 恤已卖光。

如果仅仅以快时尚或物美价廉来定义优衣库，那它和佐丹奴、班尼路等品牌并没有什么两样。优衣库之所以能够被线上秒杀，线下疯抢，一定有着其他快时尚品牌所不具备的特质。

优衣库其实和时尚、美没有什么关系，因为它卖的大多数是基本款，也就是永不过时的款式。

优衣库创始人柳井正最厉害之处在于，他一手抓性价比，一手抓情怀。

优衣库另外一招就是与知名 IP 或大牌设计师合作联名款。

2003 年，优衣库以"让 T 恤更自由、有趣"为概念，首次推出"Uniqlo T-shirt Project"，后来这种优衣库的畅销 T 恤被称为"UT"，有些是著名的影视 IP，比如《星球大战》《复仇者联盟》；有些是著名的动漫，比如《龙珠》《怪物猎人》《高达》；还有电子游戏，比如《街头霸王》主题 T 恤，任天堂旗下游戏 IP《超级马里奥》和《喷射战士》，等等。

在优衣库，艺术、艺术家、户外、音乐等各式各样的印花被印在了纯色 T 恤上。比如波普文化、布鲁克林街头涂鸦、波点等。

从美国潮流先锋 KAWS 到迪士尼代表角色米老鼠，从女性为之疯狂的 HelloKitty 到 Jump 经典动漫角色——每一年的优衣库 UT 都能给人惊喜。

世界上那么多潮流文化，总有一种文化是和年轻人相关的，而且人们一定能在 UT 里找到自己喜爱的那一件。

用产品的话题性制造爆点

2018 年"双十一"期间，钟薛高推出了一款产品。这款产品产生的原因其实很简单，是团队无意中发现了非洲的一种可可树，这种树木结出的可可豆是粉色的。科学家把这种可可豆进行提取，做成了巧克力，全世界只有三吨。钟薛高团队就把这三吨巧克力全部买了回来。

这款产品里还有另一种珍贵原料，是日本的柠檬柚。正常的一棵果树 3—5 年就可以产出果实，可是日本的这种柠檬树长成需要 20 年，长成后又需要再花 20 年的时

间去等待结果，这个周期等同于一个人生命中超过 1/3 的
岁月。

钟薛高将这两种珍贵的原材料，和天然的酸奶融合在
一起做成了一款产品。

因此这款产品从诞生的那一天，就带有极强的话题
性，它的身上还有着足够多的内容点和素材去发挥，去吸
引消费者的注意力。

苹果公司出品的某款 iPod 播放器，只有口香糖大小，
颜色也花花绿绿，像极了口香糖。该项目的产品经理灵机
一动，在说明书的最后写了四个字：请勿吞服。

这下子引爆了社交媒体，整个网络都在议论这件事，
无论是博客、微博客，还是视频网站，甚至有杂技演员在
视频网站上直播吞服这款播放器。

说明书上短短几个字，却引发了一场大讨论，这如果
不是内容营销，什么才是内容营销呢？

崂山"白花蛇草水"，是一种被网友称为有"馊了的
草席子味"的暗黑饮料，但它却在互联网世界火了一把。

在夏天用白花蛇舌草泡茶或者加入凉茶中饮用，是中国两广、福建以及港澳、新加坡华人的习惯。为了赚取外汇，中国在 1962 年批准崂山汽水厂出口矿泉水，同时针对东南亚市场需求开发了一款全新的草本饮料——白花蛇草水。

这款饮料还加入了车叶草、鸡屎藤等中药材。因此，直到 2013 年，卫计委才同意白花蛇草水可以作为普通饮料向全国销售。

"史上最难喝"成了这款饮料最具共鸣的"饮后感"。随着这个话题在网络上被引爆，崂山矿泉水公司也因势利导，顺水推舟，将这个话题推向一个新的热度。更多的消费者开始关注这款饮料，并会带着好奇与挑战的心态去尝试这款饮料。

社交引爆传播

可口可乐的惊喜贩卖机的故事，是社交媒体营销的经典案例。

在新加坡国立大学校园内，可口可乐设置了一台名为"抱抱我"的自动贩卖机，只要拥抱下机器就可以拥有一罐免费的可乐。

在纽约某所大学里，可口可乐公司放置了一台特制的贩售机。当学生往贩卖机里投币买 1 瓶可乐时，偶尔会掉出来 2 瓶，甚至是 16 瓶。原来可口可乐号召你把另一瓶分享给周围的人，而一旦分享成功，捷蓝航空也会顺势送给你一张往返机票。

这不仅让当事人大吃一惊，更让周围的人羡慕不已。这样的好事怎么会不分享出去呢？

这种惊喜贩卖机有时候掉出来的是一束鲜花，有时候是一块意大利腊香肠比萨，有时是个 16 英寸长的潜水艇模型。这些都是藏在墙后的可口可乐公司员工"蓄谋已久"的安排，对于只想买瓶可乐的学生来说，这是个巨大的惊喜。

可口可乐公司还安排了一台摄像机记录下学生们吃惊的表情，并在添加字幕后将视频上传到社交媒体上。当可口可乐公司在社交媒体上发布了这段视频一年后，这段视频收获了 1.5 万个赞，点击率达到了 400 万。

可口可乐在 Facebook 上有近五千万粉丝，粉丝又会通过点赞、转发引起更多人注意。投放一次覆盖这么多人的电视广告，需要上百万美元。

然而，可口可乐很少利用这个新渠道向粉丝传播类似广告的信息，尽管他们对品牌十分着迷且接受度很高。

可口可乐主管社交媒体营销的负责人说，我们无时无刻不在感谢大家对品牌的喜爱，并鼓励他们表达这种喜爱。当我们在 Facebook 的主页上提问："你们最希望和哪个名人分享可乐时？"我们经常能收到过万条回复和上万个赞。而且 90% 的粉丝都是在我们更新后一小时内予以回复。

让别人喜欢你，比别人知道你，更需要技巧。这个法则是不仅仅适用于可口可乐这种大公司的，即使你是个微不足道的微商，也应该知道节制与克制，不要在朋友圈刷屏，不打扰是基本的社交礼仪。社交媒体这个概念，重点是在于社交。

构建你的内容壁垒

Zynga（星佳时代）是一家社交游戏公司。2009 年，Zynga 公司凭借在 Facebook 上开发的热门游戏农场小镇，成为举世瞩目的游戏公司。

农场小镇仅在 Facebook 这个平台，每月吸引 8000 多万活跃用户。照料庄稼是农场主人的分内事，因此用户最终必须花真金白银去购买游戏道具并提升等级。2010 年，仅这一项给 Zynga 带来的创收就高达 3600 万美元。

快速崛起的 Zynga 紧接着将农场小镇复制到新项目上。它接连推出了城市小镇、主厨小镇、边境小镇等数个以"小镇"为关键词的游戏。到了 2012 年 3 月，该公司的股票价格大幅度上涨，公司市值高达 100 亿美元。

8 个月后，Zynga 的股票价格腰斩两次还多，下跌了 80%。人们发现，它所开发的新游戏其实是新瓶装老酒，只是借用了农场小镇的外壳，所以玩家的热情很快被耗尽，投资商也纷纷撤资。

曾经引人驻足的创新因为生搬硬套而变得索然无味。由于多变特性的缺失，"小镇"系列游戏风光不再。

要想使用户对产品抱有始终如一的兴趣，神秘元素是关键。"农场小镇"这类网络游戏最大的败笔就在于有限的多变性，也就是说，产品在被使用之后产生的可预见性。

快速迭代的新消费时代，大家应该给予品牌更多时间，消费者热衷于新鲜感，就此形成强烈的内容壁垒。所以，只有持续的、有用的，或者是有趣的内容，才会让你的品牌变成不可替代的。

小米科技创始人雷军，非常注重包装与外观。比如在包装和产品上，字体、字号怎么摆放。这些细节都是雷军需要过问的，包括小米微博里发出去的每张图都是雷军定的。

在国内，小米手机率先采用了牛皮纸包装盒。在一堆花花绿绿的包装中，这种简朴的视觉呈现，反而能起到抓眼球的效果。小米的这个包装盒在社交媒体上也成了一时的话题。

如果我们把"文、图、语、视"都叫作内容，把运用"文、图、语、视"为信息载体的营销叫作内容营销，那么，我们所谈的内容营销就是个伪概念，它和传统广告宣传没有什么区别。

那么，内容营销的特征是什么？我们先看一个相近的概念——内容创业。

所谓的"内容创业"是这几年的一个"风口"。然而，真正能吃到"内容创业"这杯羹的，还是过去那拨做内容的人。他们之所以能吃到这杯羹，是因为率先进化出了一种适应这个时代的呈现形式。比如罗振宇本是电视台的编导，吴晓波本来是编书的，Papi 酱本身就是学传媒的。

内容营销的内容没变，改变的只是呈现的方式。你的内容要有深度、有力度，才能构成你的内容壁垒。所以，构筑内容壁垒，不是东西越多越好，更不是将内容一股脑儿似的简单堆砌，它需要精心设计，有节奏、有策略地向受众输出内容。这样才能构筑内容营销的壁垒，形成真正的优势。这就要求你对内容有更本质的洞见，打造受众内心渴望的内容。

网络品牌，更需要机构背书

由于网络品牌的红利期，很多网络品牌误打误撞爆红。爆红之后又暴露了很多问题，因此公众对网络品牌是带有一定成见的。所以，网络品牌比传统品牌更需要机构背书，才能进一步触发用户的购买行为。

研究表明，凭借穿着白大褂的专家出示医学统计数据的简单形象，广告客户就能利用公众对医生的认可来影响消费者的行为——不管是支持还是反对一种产品，道理都是一样的。

难怪那么多宣传医疗保健产品的广告都突出了穿着白大褂、外表威严的男子形象，这样可以立刻获得大众的信任！这些广告客户知道，你很可能会把自己对医生的感觉转移到他们的产品上。这种可预知的组合拳大多数时候都很有成效。

人是群居的动物，人们天然地对科研机构、医疗机构、慈善组织、宗教组织等会有一种信赖感。

在广告中融入这些组织的形象或标志时，你所获得的信任之强烈，远非提出具有说服力的论据所获得的信任可比。

理想的策略是什么？让一家大众信赖的机构提供权威认证，这么做会立刻将他们的权威和声望转移给你的产品或服务，比如商标、认证书等，那么他们对你的产品宣传就不那么怀疑了。使用那些被人们普遍接受的医学和科学的权威形象也能制造出同样的转移效果。

很简单，想想你的行业中有哪些人物和机构拥有较高的声望，如果能让他们支持你的业务、产品或服务，你就能利用人们对他们的信任进行转移。

蓄养你的品牌势能

埃隆·马斯克曾表示，为使特斯拉能成为畅销车，公司制定了高举高打的三步走的策略：第一个版本是销量较低的昂贵车型；第二个版本是价格和销量中等的车型；第三个版本就是价格低、销量大的普通车型。

特斯拉的较高价格，让消费者产生一种心向往之，却囊中羞涩的奢侈品效应。

即使特斯拉在2014年销售3.5万辆电动汽车，但这一销量在全球汽车销售中也只是沧海一粟。这种产能不足以及高定价策略，更是在客观上形成了一种"饥饿营销"的效果。

马斯克在致股东的邮件中表示：要降低电动汽车成本，使其成为主流，公司将很快公布"超级工厂"的计划方案，这对该公司制造成本为3.5万美元的廉价电动汽车至关重要。

电池是电动汽车最昂贵的元件，以往的电池元件是在多家不同工厂中生产的。例如一家工厂负责使用原材料制造电极，另一家负责组装电池颗粒，还有一家负责组装电池模组。为了降低电池的生产成本，特斯拉计划耗资50

亿美元在同一家工厂中整合原材料、电池颗粒和电池模组的生产，即"超级工厂"计划，建成的特斯拉超级工厂将是世界上第二大建筑。

2014 年初，特斯拉曾预期当年中国市场销量有望达到1.4 万—1.7 万辆，占全球销量的 30% 左右。但到了年底，中国市场的出口量约 4000 辆，上牌量仅为 1600 辆，客户群体也主要集中在高端消费领域。

在试图提升普通消费者热情的同时，特斯拉也在进一步完善基础设施，其中最重要的就是充电桩。特斯拉美国市场充电设施建设主要为家庭充电桩，因为美国独门独院或者别墅的房屋结构特点更有利于充电桩的安装。中国高层用户占了 80%，别墅用户只有 20%，特斯拉在中国仍然主打家庭充电方式，这就需要解决中国高层用户充电桩的安装以及和物业协调的问题。

除了家庭充电桩以外，特斯拉也在积极建设超级充电桩、目的地充电桩，以及移动充电器这三种充电方式作为补充。通过在全国建设 50 座超级充电站、700 座充电桩，并与联通等运营商推动汽车信息化合作、打通新能源车免费上牌政策等一系列措施，特斯拉逐渐得到了来自政策环节的支持，也建立起了一张覆盖全国的充电网络。

后"惠"无期

电商平台为什么要制造各种购物节呢？就是要制造一种限期优惠的契机。

每天上下班，你会看到大街上有不少商店会打出这样的招牌：本店商品全部清仓处理，还有最后一天，抓住机会，不要错过。那么商家为什么要打出最后的通告呢？

当人们听到这样具有吸引力的销售广告时，心理上就会有这样一种反应：赶快去买，不买就没有了，过了这个村，就没了这个店。因而也就会产生比较强烈的购买欲。

物以稀为贵。人们会普遍认为，机会越少，就越要珍惜。

很多的商家都会设置最后期限。顾客得知某种商品很稀缺时，就会尽快将稀缺商品买下。顾客也会担心货源紧缺，听到商家说缺货，更是要尽快购买。所以，2011 年春季，日本核电厂泄露，居然导致中国的食盐被疯抢。

在大街上，人们也经常会看到商家张贴出很多电影广告，并且会在招牌下面标示：放映只限期 3 天，独家放映，欲看从速。

从营销心理学上来讲，商家打出最后的通告，就是要抓住消费者这样一种心理：机会越少，就越难得，就越想珍惜，并力争得到这些机会。

站在消费者的角度去想，广告一打出来，顾客就会这样认为：这些机会不容错过。于是，也不会过多地考虑，就果断作出决定，抓住这些难得的机会。

所以，"双十一""双十二"之类的购物节，就成了成交量的绝对风口，商家要为这些集中交易做积极准备。

长度就是力量

真传一句话，假传万卷书。然而，极少有人愿意为一句话买单，大部分人都愿意费时、费力、费钱地拥有一本书。

对于一本书来说，真正有价值的内容不会超过一页 A4 纸。但你之所以会掏钱去买，很可能是被它的厚度打动了。这就是市场上那么多注水书产生的原因。很多人买了书以后，发现它不过是一本制作精良的垃圾。

长度就是力量。以微博为例，真正能引发热转热议的，都是有一定长度的内容。真正的碎片，不过是陪玩而已。微博、知乎等平台重点强推的，都是比较长的内容。

在这个时代，任何一个热门概念，都可以迅速攒成几十本书，但内容干货其实少得可怜。

撰写又长又动人的文案，可以显著提升说服力。长长的文案不仅让你有更多机会去劝说潜在顾客，还能让顾客相信：因为里面有那么多说明文字，所以其中肯定有特别之处。而这正是"长度就是力量"的精妙之处。

一名政客站在一群人面前，掏出一份长达 30 页的文件，他声称里面包含了超过 100 个例子，全都说明了他的对手皮特在这个国家面临的一些重要问题上如何摇摆不定。

　　他"啪"的一声打开文件，开始一个接一个地阅读那些证明对手摇摆不定的引语。为了给听众留下深刻的印象，让他们明白对手的那些令人不安的做法所涉范围之广、问题数量之多，他每读一条都会大声地计数。不只是他阅读的内容让听众忧虑，就那些例子的数量也具有同样的效果。

　　其实，这份文件中 90% 的引语都是断章取义拼凑起来的，但政客先生并未就此止步。接下来，他给这份不可靠的文件加上一个标签：100 条皮特鸡贼的言行录。并开始在自己的平面广告和电视广告中一再提及。他还把这份文件印刷装订起来，在各种集会上散发。

　　他又将文件转为 PDF 格式，在网上供人们随时下载。人们阅读文件的前几页后，飞快地翻阅剩下的内容，并且清楚地看见每条"摇摆不定"的引语前都有粗体序号。在 1000 个读者中，都不会有一个读者去核实内容的真假。

　　谁有时间干这种事？于是，"100 条皮特鸡贼的言行录"开始像那个政客预料的那样产生作用，并拥有了顽强的生命力。它们出现在 T 恤衫、YouTube 视频、保险杠贴纸和博客上。

几乎没人读完整份文件，但谁需要呢？你可以看到里面有 100 条例子，所以你会觉得它肯定说得有一定道理！

长度就是力量法则可以产生类似于证据的影响力。它建立在这样的设想基础上：如果软文文案很长，且写得很有趣，又包含大量可靠的事实和数字，那么它宣传的产品或服务就更有可能获得人们的好感。

实际上，它会让你的潜在顾客认为："哇，看看这里有多少信息啊，它肯定是客观的。"

这就跟听某人长篇大论地谈论某个特定主题类似。最终，当你已经听够了之后，只要其表达还算优雅，你很可能会觉得讲话的人确实了解他谈论的东西。毕竟——"他讲了那么多！"

当然，长度并不意味着某种事物可信，但这个原则恰恰是如此产生作用的。比如，你不知道自己该选择买日本车还是欧美车，这时我列出的 33 条购买欧美车的理由，就会让你确信这个欧美车更具有购买的价值。

日本车的潜在顾客也会因为这个清单而动摇。原因无它，只是我拉的清单足够长。

长度就是力量可以有效扭转局面。"瞧这清单，好长啊！也许里面有一些说法并非完全真实，但这一条看起来是正确的……这一条也很棒……嘿，这些都是很有用的。"

长度还有一个重要作用，就是陪伴。金庸的十四部作品中，知名度大小往往与作品的长度有关，《白马啸西风》和《连城诀》都是质量上乘的作品，因为篇幅的原因，读者数量远远不如《天龙八部》多。

所以，好莱坞一部电影还没开拍，就已经预备有续集的方案了。如果火了，立刻放出开拍续集的风声。拍完续集，再拍前传，拍完前传，还有番外……一个热门 IP 可以无限延伸。

黏性，是一种内容陪伴

美国人喜欢在厨房里装一台粉碎机，将厨余垃圾粉碎冲掉。美国有一家粉碎机制造厂的经理，经常在网上发一些粉碎机粉碎日常用品的视频，这使得这家家用粉碎机的销量大增。

你每天都要思考什么样的内容才有真正的价值。凭着制造悬念、幽默感等技巧，资深内容党能有效黏住读者。价值，是内容制造者时刻要秉持的理念。

如果说凭着标题、图片这种小伎俩可以争取读者 3 秒时间，能否真正黏住读者，就要看内容制作的水准了。

内容要有相对的连贯性。这叫陪伴用户一起成长。诸如《乡村爱情故事》《越狱》之类的连续剧，当人们对于某个角色熟悉之后，便不希望电视剧完结，希望可以一直看到围绕这个角色发生的事情。如今的电影也逐渐有"电视剧化"的倾向，一些电影在不断地推出续集，比如《超人》，只要推出新的续集，一定会有多年的粉丝前往影院观看。

企业要花精力让自己成为能持续提供优质内容的自媒体，同时，也应该发动用户来产生内容。

你要考虑，什么样的文章很有价值，能让人转发。转发是获得新粉丝的首要功臣。

生意的本质是流量，在互联网时代，游戏规则已经变了，流量获取的方式已经发生变化。内容，则是吸引流量方式中永恒不变的东西。

09

第 9 章

"自来水"
是怎么养成的

　　自来水这个名词，是根据"水军"这个词衍生而出。他
们是因为发自内心的喜爱和欣赏之情，或不由自主，或满
腔热情，去义务宣传的一群"情怀份子"，他们自嘲自己为
"自来水"。所谓"自来水"，大致就是"免费水军"的意思。

　　那么，"自来水"是怎么形成的呢？其实，这来自预
期管理。

Uber 的预期管理

　　Uber 绝对是一个话题之王，Uber 的营销策略是主打
有趣和惊喜。在推广期间，经常出现你叫了辆普通车，公

司却以同样价格派来了豪华车的情况。

Uber 不只是一个叫车软件，也是生活方式的代表，不断策划营销活动，弱化 Uber 的单一功能性。

在戛纳电影节，Uber 推出了一键呼叫直升机送客的活动。价格大约 180 美元。首先利用戛纳电影节这一热点，可以让用户看到 Uber 所能涉及到的领域可以广阔到电影、艺术。利用直升机这一交通工具，则可以看到 Uber 对本身平台的高端定位，也出乎用户的想象力。

培根说：谦逊，通常是自负者欲扬先抑的诡计。降低客户预期，制造惊喜，则是营销者的诡计。

超出预期，才能形成口碑

雷军曾经举过两个例子。比如迪拜帆船酒店，号称全球最好的酒店，去完以后挺失望的。再如偶尔去国贸，去了看到一个煎饼果子店，说国贸还有煎饼果子卖，你肯定超预期。如果你是慕名去的，还抱着很高的梦想，吃完以后发现不过如此，你就觉得低于预期。

就好比，世界上最动听的一句话，不是"我爱你"，而是"你的癌症是误诊"。

意外之喜，能够让大脑勃然兴奋。

研究人员用香蕉来喂一群猴子，并通过大脑扫描技术监测记录猴子的兴奋程度。研究发现，与事先得到信号时的情景相比，在没有任何预兆的情况下，猴子能得到香蕉会更兴奋。猴子的多巴胺神经元兴奋得更持久，强度更高。也就是说，与研究熟悉的食物相比，多巴胺系统对新鲜事物的刺激更敏感。

决定成交的，不是关系，不是价格，不是质量，而是结构。

当你去海底捞的时候，你很少看到海底捞任何营销，而且又是在一个很破的地方，你的预期就被降低了，结果你一进去，剩下的都是超预期。

制造用户口碑的秘诀，最需记住的一条即：超越用户预期。

你最初去某家餐厅的时候，发现这家餐厅地段并不好，环境乱糟糟。你对他已经不抱任何预期了，是吧？

这个时候，有个服务员走过来，说：小姐，怎么不高兴，要不要我为你唱首歌？

你什么感觉？

这服务简直好得太过分了！

海底捞火锅走的就是这套路子。它的服务真的好吗？比五星级饭店还要好吗？但你去五星级饭店是冲着"五星级服务"这个参照值去的，你会很挑剔。你去海底捞是冲着"苍蝇馆子"这个参照值去的。

无论是乔布斯、迈克尔·戴尔，还是黄章、雷军，都认同这一理念：口碑的真谛是超越用户的期望值。

没有比较，就没有获得感

有一个耳熟能详的故事，某个小城有两间经营衬衫的服装店。第一家服装店经营欧洲风格衬衫，第二家服装店则经营北美风格衬衫，两家店的价格不相上下，营业额也不分上下。

后来，又有第三家服装店开张了，它同样也经营欧洲风格衬衫，但是价格却比第一家店的价格贵很多。

自然，第三家店门可罗雀，但是第一家店的营业额却大幅增长。顾客比较了两家店之后，毫无悬念地选择了第一家店的商品。同时，第二家北美风格衬衫店也受到影响，生意比先前少多了。

人们都以为第三家店迟早都会垮掉的，但令人百思不得其解的是：这家店一直存在了好久。直到有一天，第一家店和第三店同时转让，人们才发现，这两家店的老板是同一个人。第三家店的存在，正是为了给第一家店做陪衬的。

在这个故事里，第三家服装店就是诱饵，第一家服装店就是真正销售的目标，第二家服装店就是竞争者。

这就是行为营销学中所谓的"价格诱饵"——当人们对两个不相上下的选项进行选择，且犹豫不决时，因为第三个新选项（诱饵）的加入，会使某个旧选项显得更具吸引力。被诱饵烘托的选项就是通常所说的目标，而另一选项就是竞争者。

在日常生活中，这样的例子随处可见。比如，我们在超市经常会看到，货架上并排摆放的可乐 2 升装和 2.5 升装，都是售 5 元。

再比如：我们去餐厅吃饭，一般餐厅的菜单上至少会有一个贵得离谱的高价菜（即使从来没有人点，或者你点了店家也会说恰好卖完了）。也许这道高价菜的存在并不是为了吸引顾客选择它，而是诱导你点第二贵的菜。这是因为当你看到有贵得如此离谱的菜之后，会觉得第二贵或者更便宜的其他菜才是真正的物美价廉。

这样的市场营销技巧还广泛地应用于各种各样的商品销售中，比如家电促销、手机套餐、网费套餐、捆绑销售等。

有时候，诱饵并不是真的存在。在营销活动中，常常存在一种"幻影诱饵"，比如在很多汽车、手机、化妆品的产品目录中，商家们其实并非奢望卖出多少豪华套装和顶级配置，而是以此来提高消费者对相关产品的期望价位。

生活中，常见的降价促销活动，其实也是一种幻影诱饵：商家常常会特别强调如今并不起作用的原价，那就是一个幻影式的诱饵。

"价格诱饵"在营销学心理学家未总结出来之前，就被商家广泛使用，而且还被称为"秒杀"顾客的超级营销术。因为它为消费者在做决策时，提供了依据。

营销切忌名不符实

一切营销大于产品的公司，都是在向死亡线冲刺。

前两年有一位卖情趣用品的 90 后美少女——马佳佳。马佳佳虽然靠自己特立独行的行事风格以及麻辣大胆的言论聚集了很多追随者。但她始终没有展现出自己在情趣用品这个行业的专业度，更没有拿出什么笑傲同行的产品。她的这个营销实际上是大于产品的。所以马佳佳的变现途径，最后还是依靠输出培训产品，比如到处去做演讲等。

营销这味药，相对便宜，见效快，所以很多人都喜欢用猛药。但是，一个直接后果就是顾客的期望值也变得非常高，想再超越用户期望值就非常难了。

假设，你今天生日，你最在乎的那个人说："今天要加班，可能会回来比较晚。"你对他已经带着一点失落，下班回到家里，发现他已经为你精心准备了生日晚宴。你是什么样的心情？

这就叫喜出望外，当好事超出预期，人类的大脑就会勃然兴奋。

超越预期。其实也是一种锚定效应。

美国有个卖鞋的网站名叫 Zappos，亚马逊在 2009 年花了 8.47 亿美金收购了它。这个网站为什么那么值钱？其实并不是这家网站技术有多了不起，只是服务很有一套，他们的品牌承诺，就是不断创造快乐与满足。

Zappos 如何创造快乐与满足？最关键的一条，就是用服务传达惊喜——提供让用户喜出望外的服务，让顾客的大脑勃然兴奋，让顾客难忘这种体验，并期待下一次的勃然兴奋。

Zappos 就是通过调整用户预期之锚，来赢取良好的口碑。比如，他们承诺，在他们网站买了鞋子后 4 天即可送达。

实际呢？绝大多数是当天下订单，第二天用户就收到了货。

这家网站甚至还推出了售后延迟付款的政策，顾客购买商品后 3 个月内可以不付款。

更贴心的是，这家电子商务网站允许用户买一双鞋，却能试穿三双鞋，然后把不合脚的寄回去，并且包邮。

粉丝经济就是一种很好的营销手段，然而，当营销太用力，超过了产品的质量，就会形成跛足，给粉丝用户造成受欺骗的感觉，就会遭到抵制。

出奇容易，守正则难。粉丝经济不是过度营销，还需要注重最基本的产品质量。粉丝经济其实是把双刃剑。当营销大于产品，就会渐渐脱离影响力所带来的正面效应，渐渐失控，进而出现反噬效应。

参考文献

1. 崔浩云，《独角兽法则》，中国铁道出版社，2017

2. [美]肖恩·埃利斯，《增长黑客》，张溪梦译，中信出版集团股份有限公司，2017

3. [美]埃里克·莱斯，《精益创业》，吴彤译，中信出版社，2012

4. 孙惟微，《瘾营销：深度揭秘人类成瘾行为背后心理机制，助力营销者利用"积极成瘾"打造贴心产品。》，广东人民出版社，2020

5. 孙惟微，《销售猿》，中国海关出版社，2018

6. 张晓枫，《霸屏：超预期的用户传播方法论》，电子工业出版社，2019